Carolin Lüdemann

W0332448

Neu im Job für freche Frauen

Carolin Lüdemann

Neu im Job für freche Frauen

So meistern Sie Ihre Probezeit mit Bravour

Unter Mitarbeit von Lydia Wismeth

REDLINE WIRTSCHAFT

Bibliografische Information der Deutschen Nationalbibliothek
Die Deutsche Nationalbibliothek verzeichnet diese Publikation in der Deutschen Nationalbibliografie. Detaillierte bibliografische Daten sind im Internet über http://dnb.d-nb.de abrufbar.

ISBN 978-3-636-01434-4

Ein Unternehmen von Süddeutscher Verlag | Mediengruppe.
www.redline-wirtschaft.de

Redaktion: Leonie Zimmermann, Landsberg
Lektorat: Jana Stahl, Heidelberg
Umschlaggestaltung: Vierthaler & Braun, München
Umschlagabbildung: Stockbyte, München
Satz: Jürgen Echter, Redline GmbH
Druck: Holzhausen, Wien
Printed in Austria

Inhaltsverzeichnis

Anmerkung

Um das Arbeiten mit diesem Buch für Sie möglichst einfach und effizient zu gestalten, haben wir wichtige Textpassagen mit folgenden Icons gekennzeichnet:

! Achtung, wichtig

To do Aufgabe, Übung

STOP Das sollten Sie auf jeden Fall vermeiden.

z.B. Beispiel

Tipp Tipp

Vorwort

Veni, vidi, vici – Ich kam, ich sah, ich siegte.
Gaius Julius Cäsar, 100–44 v. Chr., römischer Staatsmann und Feldherr

Liebe Leserin,

wenn die Bewerbungsphase und das Vorstellungsgespräch erfolgreich bestanden sind, winkt eine neue Chance in Form eines neuen Jobs. Unabhängig davon, ob Sie Berufseinsteigerin sind und Ihre erste Arbeitsstelle antreten oder ob Sie schon über Berufserfahrung verfügen und die Stelle oder das Unternehmen wechseln: Eine Ihrer ersten und wichtigsten Aufgaben ist, sich einen guten Start zu verschaffen. Denn „Wie man sich bettet, so liegt man", sagt ein bekanntes Sprichwort. Das gilt auch beim Einstieg in ein neues Unternehmen und in einen neuen Job.
Wer sich allerdings zu schnell bettet, verschafft sich nicht immer die besten Startvoraussetzungen. Umso wichtiger also, dass sich frau schon vor dem ersten Arbeitstag mit den wichtigsten Spielregeln vertraut macht. Insbesondere für den ersten Eindruck gibt es keine zweite Chance: Schon die ersten drei Sekunden am neuen Arbeitsplatz entscheiden über Sympathie oder Antipathie und legen den Grundstein dafür, wie souverän frau einsteigt und ob sie später elegant aufsteigen wird. Ist der Premierentag erfolgreich verlaufen, gibt es an den folgenden Arbeitstagen weiterhin einiges zu beachten:
Allzu oft umgibt frau sich aus Unwissenheit mit den falschen Leuten, bringt vorschnell Verbesserungsvorschläge ein oder geht ungeschickt mit Konflikten um. Kein Wunder, denn es ist auf den ersten Blick gar nicht so leicht, die (ungeschriebenen) Gesetze des Unternehmensalltags zu durchschauen. So gibt es neben den

offiziellen Machtstrukturen auch immer informelle Beziehungsgeflechte, die es zu beachten gilt.
„Ich kam, sah und siegte" wird Ihr Fazit von den ersten 100 Tagen im Job lauten, wenn Sie sich die nachfolgenden Spielregeln zu eigen machen. Dabei geht es weder darum, harmoniesüchtig schwierigen Situationen auszuweichen, noch darum, die eiserne Lady zu geben und sich rücksichtslos durchzusetzen. Smart, souverän und überzeugend können Sie die Pole-Position im neuen Unternehmen erobern, wenn Sie ein gutes Verhältnis zu Kollegen und Vorgesetzten entwickeln, sich das neue Aufgabengebiet clever erschließen und ein selbstbewusstes Image aufbauen.
In diesem Sinne wünsche ich Ihnen eine interessante Lektüre und einen Traumstart in den neuen Job!

Carolin Lüdemann

1 Der Countdown läuft

Die ersten 100 Tage im neuen Job sind als Bewährungsprobe, als eine Art Countdown, zu verstehen. Eine spannende Zeit der Bewerbungsphase liegt hinter Ihnen, eine noch spannendere Zeit im neuen Job vor Ihnen. Jetzt können Sie so richtig Gas geben und zeigen, was in Ihnen steckt. Doch Vorsicht: Mit durchdrehenden Reifen bewegen Sie sich nicht von der Stelle und werden von den neuen Kollegen sogar als Hindernis wahrgenommen. In den ersten 100 Tagen im neuen Job stehen Sie aber nicht nur unter der Beobachtung von Kolleginnen und Kollegen, sondern Sie selbst sind ebenfalls sehr kritisch mit sich. Und das ist gut – denn so geben Sie sich die Möglichkeit, Ihre eigene Leistung einzuschätzen und eventuell Änderungen in der Arbeitsweise oder im Verhalten vorzunehmen.

Nach den ersten 100 Tagen im neuen Job sind Sie dann mit den täglichen Routinearbeiten und -abläufen vertraut und wissen, „wie der Hase läuft". Sie kennen Ihr Terrain und können abschätzen, was von Ihnen heute und in Zukunft erwartet wird. Gleichzeitig sollten Sie Ihre Weichen so gestellt haben, dass Sie sich bei den Kollegen als angesehene Mitarbeiterin positioniert haben und Ihre Arbeitsergebnisse geschätzt werden.

Die Weichen in die passende Richtung zu stellen ist dennoch nicht ganz einfach. Nicht umsonst werden die meisten Karrierefehler in der Anfangsphase des neuen Jobs gemacht. Das hört sich auf den ersten Blick ein bisschen dramatisch an – und das ist es auch ...

Meist geht ein Neuling am ersten Arbeitstag hoch motiviert, aufgeschlossen und mit Freude ans Werk. Endlich kann man zeigen, was in einem steckt. Doch schon nach einigen Stunden wird klar, dass man einfach zu neu im Unternehmen ist. Die Arbeitsabläufe und Aufgabenstellung sind genau wie die Kollegen und

Vorgesetzten unbekannt. Schnell macht sich eine gewisse Orientierungslosigkeit breit. Zum Glück gibt es da noch die Gesprächspartner, die ohne große Hemmungen auf Sie zukommen, sich mit Ihnen unterhalten, über das Unternehmen philosophieren und ihre amüsanten Erfahrungen zum Besten geben. Doch genau in diesem Moment werden unter Umständen die ersten fatalen Fehler gemacht: Allzu oft findet beispielsweise frühzeitig eine Art Lagerbildung statt. Nicht selten sind die aufgeschlossenen Gesprächspartner „falsche Freunde". Falsche Freunde sind Kollegen, die als Nörgler bekannt und notorisch unzufrieden sind, keine Lust zur Arbeit haben, alles besser wissen oder als Bremser im Unternehmen gelten. Sie suchen frühzeitig Ihre Nähe, weil sie schlicht und ergreifend keine anderen Weggefährten mehr im Unternehmen haben. Dabei zeigen sie sich von ihrer besten Seite und versuchen damit, Sie für das eigene Lager zu gewinnen.

In jeder Hinsicht ist es in der Anfangszeit daher empfehlenswert, sich zunächst einmal Orientierung zu verschaffen:

Beobachten

- ❑ Was passiert um Sie herum? Wie gehen andere miteinander um? Wie reden Kollegen miteinander? Wie stark sind Hierarchien ausgeprägt? Wie steht es um das Verhältnis der Mitarbeiter zu den Vorgesetzten?

Respekt zeigen

- ❑ Denken Sie daran, dass die neuen Kollegen für den Erfolg der Firma gearbeitet haben und dafür wertgeschätzt werden wollen. Zeigen Sie also Interesse an den Leistungen der Vergangenheit. Das bedeutet nicht, dass Sie die Augen vor der Zukunft verschließen. Respekt können Sie auch zeigen, indem Sie andere um Unterstützung und Rat bitten.

Zuverlässigkeit

- ❑ Erwerben Sie sich den Ruf, zuverlässig zu sein. Dazu gehört auch Pünktlichkeit, unabhängig davon, ob das die neuen Kollegen ebenso handhaben. Gerade wenn Sie neu im Unternehmen sind, können Sie dadurch Punkte sammeln. Halten Sie Zusagen ein und beweisen Sie, dass man sich auf Sie verlassen kann.

- Oft mutet sich ein Neuling zu viel zu. Setzen Sie sich besser realistische Teilziele und verplanen Sie nicht 100 Prozent Ihrer Zeit. Nur so erhalten Sie sich Reaktionsmöglichkeiten, wenn Unvorhergesehenes passiert.

Realistische Teilziele stecken

- Machen Sie Ihren Job immer gut. Geben Sie Ihr Bestes; arbeiten Sie so gut, wie Sie nur können.

Hervorragende Leistungen

- Alle Menschen machen Fehler. Zum Glück sind das meist nicht allzu gravierende Fehler. Übernehmen Sie die Verantwortung für Ihre Fehlentscheidungen; gerade in der Anfangszeit sind Missgriffe verzeihlich. Entscheidend sind nicht die Fehler an sich, sondern die Bereitschaft, daraus zu lernen. Machen Sie also deutlich, dass Ihnen derselbe Fehler garantiert nicht zweimal passiert.

Verantwortung übernehmen

Die Probezeit

Die Probezeit dient der Überprüfung auf beiden Seiten

Das Gehalt ist verhandelt, der Arbeitsvertrag unterschrieben – nun dürfte der langfristigen Karriere ja eigentlich nichts mehr im Wege stehen, oder? Nun ja, bevor Sie so richtig durchstarten, müssen Sie die Probezeit meistern. Allgemein ist die Probezeit als unsichere Phase bekannt, in der man noch unerwartet gekündigt werden kann. Zwar kann das Unternehmen Sie tatsächlich in Ihrer Probezeit leichter kündigen, als das später der Fall wäre. Dennoch ist die Probezeit keine einseitige Sache: Auch Sie finden in dieser Zeit heraus, inwieweit das Unternehmen zu Ihnen passt und ob Sie sich in Ihrem neuen Arbeitsumfeld dauerhaft wohlfühlen werden. So können Sie die Zusammenarbeit mit den Kollegen, das Aufgabenspektrum, den Verantwortungsbereich und das Betriebsklima schon nach wenigen Tagen in der Praxis besser beurteilen. Genauso hat Ihr neuer Arbeitgeber die Chance, Ihre Erfahrungen und Stärken zu beobachten und seine Entscheidung für Sie zu überprüfen. Sollten beide Seiten unerwarteterweise nicht zusammenpassen, kann jeder der Vertragspartner kurzfristig aus dem Arbeitsverhältnis aussteigen.

Um in der Probezeit nicht auf der Strecke zu bleiben, ist Hintergrundwissen zu den arbeitsrechtlichen Grundlagen hilfreich. Nicht selten herrscht Unklarheit, wie lange die Probezeit dauern darf, ob ein (un-)befristetes Arbeitsverhältnis überhaupt vorliegt und ob eine Probezeit eigentlich automatisch in ein unbefristetes Arbeitsverhältnis übergeht.

Aus arbeitsrechtlicher Sicht werden zwei Arten von Arbeitsverhältnissen unterschieden. Zum einen das befristete Arbeitsverhältnis und zum anderen das unbefristete Arbeitsverhältnis.

Mit dem befristeten Arbeitsverhältnis geht ein befristeter Arbeitsvertrag einher. Darin muss eine Befristung ausdrücklich vereinbart werden, ansonsten wird das Arbeitsverhältnis auf unbestimmte Zeit geschlossen (unbefristeter Arbeitsvertrag).

Befristung durch terminliche Vereinbarung oder Zweckgebundenheit

Der befristete Arbeitsvertrag kann in der Weise geschlossen werden, dass das Arbeitsverhältnis nach Ablauf einer bestimmten Zeit von selbst durch einen Fristablauf endet. Es ist dann keine besondere Aufhebung (Kündigung oder Aufhebungsvertrag) erforderlich. Eine Befristung ist entweder durch zetiliche Vereinbarung (zum Beispiel „bis zum 31.12." oder „6 Monate") oder Zweckgebundenheit (zum Beispiel „projektgebunden" oder „Vertretung in Elternzeit") denkbar. Die Befristung ist nur dann zulässig, wenn sie durch einen sachlichen Grund (Befristungsgrund) gerechtfertigt ist. Eine ordentliche Kündigung ist vor Ablauf der Befristung für gewöhnlich ausgeschlossen. Dies gilt auch für eine vorzeitige Kündigung durch den Arbeitnehmer. Wie immer bestätigen aber auch hier Ausnahmen die Regel: Eine Kündigung ist beispielsweise möglich, wenn der Arbeitsvertrag oder passende Tarifvertrag diese früher zulässt, und natürlich auch dann, wenn der Arbeitgeber insolvent wird.

Eine außerordentliche Kündigung und die einvernehmliche Auflösung des Arbeitsverhältnisses (Aufhebungsvertrag) sind dagegen auch während der Befristung möglich.

Die Probezeit ist ein Zeitraum, in dem vorerst etwas auf Probe gewährt wird, um die Eignung festzustellen. Die Probezeit ist nicht nur aus der Arbeitswelt, sondern auch aus der Fahrschule beziehungsweise beim Erwerb des Führerscheins bekannt. Grundsätzlich unterscheidet man zwei Formen der Probezeit:

- Befristetes Probearbeitsverhältnis
  Hier endet das Arbeitsverhältnis mit Ablauf einer bestimmten Zeit, wobei als Grund für die Befristung die Erprobung angegeben wird. Eine solche zeitliche Befristung des Arbeitsverhältnisses aus Gründen der Erprobung ist nach der Rechtsprechung zulässig. Das Arbeitsverhältnis endet dann automatisch mit Ende der Probezeit.
- Dauerarbeitsverhältnis mit vorgeschalteter Probezeit
  Die vorgeschaltete Probezeit ist die Regel, das befristete Probearbeitsverhältnis eher die Ausnahme. Ergibt sich aus dem Arbeitsvertrag nicht eindeutig, ob es sich um ein befristetes Probearbeitsverhältnis handelt, ist nach der Rechtsprechung im Zweifel von einem Dauerarbeitsverhältnis mit vorgeschalteter Probezeit auszugehen.

Dauer der Probezeit

Im Bürgerlichen Gesetzbuch wird die Dauer der Probezeit sowie die Kündigung innerhalb der Probezeit geregelt (§ 622 BGB). So darf eine Probezeit „längstens für die Dauer von sechs Monaten" vereinbart werden. Üblicherweise wird bei einfachen Tätigkeiten eine Probezeit von drei bis vier Monaten vereinbart. Bei schwierigen Aufgaben mit mehr Verantwortung dagegen findet man meist eine Erprobungszeit von sechs Monaten. Einer Verlängerung der Probezeit über sechs Monate hinaus steht das Kündigungsschutzgesetz entgegen, das nach sechs Monaten greift.

Kündigungsfrist in der Probezeit

Die Kündigungsfrist in der Probezeit beträgt gemäß § 622 BGB zwei Wochen. Eine längere Frist kann einzelvertraglich vereinbart werden, eine kürzere ist jedoch nicht zulässig. Längere Kündigungsfristen können sich im Einzelfall aus dem Tarifvertrag ergeben.

Der Bundesminister für Arbeit und Soziales, Franz Müntefering, hat übrigens im Rahmen der Aussprache zur Regierungserklärung der Bundeskanzlerin in einer Rede vor dem Deutschen Bundestag am 2. Dezember 2005 Änderungen zur Probezeit angekündigt: „Wir haben uns dafür entschieden, beim Kündigungsschutz Änderungen vorzunehmen: Eine auf zwei Jahre befristete Beschäftigung wird ersetzt durch eine bis zu zweijährige Probezeit, Wartezeit genannt. Das ist in seiner Wirkung umstritten. Welche Wirkung es hat, wird sich zeigen; jedenfalls wollen wir versuchen, diesen Weg zu gehen. Die Probezeit von sechs Monaten bleibt, aber sie kann verlängert werden auf bis zu 24 Monate. Ehe der eine oder andere sein Urteil darüber abgibt, empfehle ich, abzuwarten, was in der Praxis dabei herauskommt." Noch ist diese Änderung aber nicht rechtsgültig.

Oftmals wird die Frage gestellt, wann und wie das Probearbeitsverhältnis verlängert wird. Auch dazu gibt das Gesetz (§ 625 BGB) Auskunft: „Wird das Dienstverhältnis nach dem Ablauf der Dienstzeit von dem Verpflichteten mit Wissen des anderen Teiles fortgesetzt, so gilt es als auf unbestimmte Zeit verlängert, sofern nicht der andere Teil unverzüglich widerspricht."

Das bedeutet: Nimmt Ihr Arbeitgeber einen Tag nach Ende der Probezeit Ihr Arbeitsangebot an und schickt Sie nicht nach Hause, dann wurde durch die Annahme Ihres Arbeitsangebotes ein unbefristetes Arbeitsverhältnis begründet. Sie sind also nicht in der Verpflichtung, Ihren Arbeitgeber auf das nahende Ende der Probezeit aufmerksam zu machen. Stattdessen können Sie munter weiter Ihrem Job nachgehen und befinden sich nach Ablauf der Probezeit automatisch in einem unbefristeten Arbeitsverhältnis, sofern nichts anderes vereinbart wurde.

Vorbereitung für den ersten Arbeitstag

Erfolg erfordert Anstrengung

Sicher kennen Sie den Spruch, dass nur diejenige Erfolg haben wird, die etwas tut, während sie auf den Erfolg wartet. Und tatsächlich: Erfolg erfordert immer auch ein bestimmtes Maß an Anstrengung. Für eine Neueinsteigerin beginnt dieses Bemühen jedoch nicht erst mit „Tag eins" in der Probezeit, sondern bereits im Vorfeld. Erfolg werden Sie insbesondere dann haben, wenn Sie schon während des Wartens auf den ersten Arbeitstag bestimmte Vorbereitungen treffen.

Einführungsveranstaltungen für Neueinsteiger

Einige Unternehmen bieten Neueinsteigern gezielte Einführungsveranstaltungen an oder geben schriftliche Unterlagen an die Hand, mit deren Hilfe frau sich auf den ersten Arbeitstag vorbereiten kann. Insbesondere Einführungsveranstaltungen sind eine interessante Sache. Sie geben Ihnen die Gelegenheit, sowohl andere Neulinge als auch die „alten Hasen“ kennenzulernen. Dort sollten Sie gezielt das Gespräch suchen und erste Kontakte knüpfen. Jetzt ist die richtige Zeit, drängende Fragen zu stellen – verpassen Sie diese Gelegenheit nicht. An Ihrem ersten Arbeitstag werden Sie froh sein, wenn Sie so manches Wissen bereits gewonnen haben. Neue Fragestellungen kommen nämlich ganz sicher noch dazu ...

Schnuppern Sie!

Zeigen Sie bei der Einführungsveranstaltung Ihr echtes Interesse am Unternehmen und an dem neuen Job. Es wäre keine gute Idee, darin eine bloße Pflichtveranstaltung zu sehen, die Sie hinter sich bringen müssen. Das Gleiche gilt natürlich für ein Angebot, bereits im Vorfeld die neuen Kollegen kennenzulernen. Auch eine solche Offerte wird nicht selten schon vor dem ersten Arbeitstag ausgesprochen. Hierin liegt natürlich ebenfalls eine tolle Chance, schon erste Kontakte zu knüpfen. Lassen Sie sich bei der Gelegenheit die Kontaktdaten einer neuen Kollegin oder von einem konkreten Ansprechpartner geben – sollten Fragen in Ihrer Vorbereitungszeit auftauchen, so können Sie sich damit an diese Person wenden.
Aber Vorsicht: Nur weil Sie schon den Arbeitsvertrag unterschrieben haben, besitzen Sie noch lange keine Narrenfreiheit. Zeigen Sie sich daher von einer interessierten, aber höflich zurückhaltenden Seite und beweisen Sie Fingerspitzengefühl. Eine wahre Geschichte soll verdeutlichen, was damit gemeint ist:

z.B.

Kürzlich suchte der Geschäftsführer eines mittelständischen Konzerns eine neue Besetzung für die Stelle als persönliche Referentin. Seine bisherige Referentin war schon einige Jahre auf der Position tätig, ging nun aber für mehrere Jahre in den Mutterschutz. Also musste Ersatz gefunden werden. Die Stelle forderte neben einem guten Sprachgebrauch auch die Fähigkeit, mit verschiedenen Institutionen sensibel umzugehen und die unterschiedlichsten Interessen zu berücksichtigen. Sei es nun bei der Formulierung einer Rede oder bei der Einladung von Top-Leuten aus Politik und Wirtschaft. Es wurde eine Nachfolgerin gesucht und schließlich auch gefunden. Man hatte sich entschlossen, einer Hochschulabsolventin die Chance zu geben, diese Stelle als Karrieresprungbrett zu nutzen.

Nach Abschluss des Arbeitsvertrages bot die Geschäftsführung der Neuen an, doch schon mal ein paar Tage vorab in den neuen Tätigkeitsbereich hineinzuschnuppern und den neuen Kollegen über die Schulter zu sehen. Die neue Mitarbeiterin willigte ein, schien aber von der Vorstellung, im Hochsommer einige Tage freiwillig im Büro zu verbringen – und das vor dem ersten richtigen Arbeitstag – nur mäßig begeistert.

Am ersten Schnuppertag zeigte sich dann, dass die neue Mitarbeiterin mittlerweile einige Bedenken in Bezug auf ihre neue Stelle bekommen hatte: So fragte sie ihre Vorgängerin, ob man für diese Position denn wirklich studiert haben müsse. Es käme ihr so vor, als sei das eine bessere Aushilfsstelle. Sie hätte sich eigentlich schon etwas mehr erwartet und denke nun, dass sie wahrscheinlich überqualifiziert sei. Ob die Tätigkeit denn überhaupt Spaß mache? Und so weiter und so fort ...

Fingerspitzengefühl ist gefragt

Worum es geht, ist Ihnen sicher schon längst klar geworden. Die Vorgängerin war nicht begeistert, dass ihre über Jahre hinweg geleistete Arbeit als „bessere Aushilfsstelle" bezeichnet wurde, und zeigte sich von nun an der Nachfolgerin gegenüber deutlich verschlossener und weniger hilfsbereit. Der Geschäftsführer zeigte ebenfalls Unverständnis; zumal er der Meinung war, einer Absolventin eine tolle Chance zu bieten, und weil Sensibilität gegenüber den Mitmenschen ein wichtiges Kriterium für die Stellenbesetzung war. Nach einigen Tagen kam man in dem Unternehmen zu dem Schluss, dass es nicht die Aufgabe der Firma sei, die neue Mitarbeiterin davon zu überzeugen, dass dieser Job Spaß mache und ein gutes Sprungbrett wäre. Noch bevor der erste Arbeitstag gekommen war, legte man der „Neuen" nahe, dass es für alle Beteiligten die bessere Lösung sei, wenn sie sich nach einem anderen Job umsehen würde. Noch am gleichen Tag bekam die Bewerberin die Stelle angeboten, die im Vorstellungsgespräch nur auf dem zweiten Platz gelandet war. Und tatsächlich hat sie ihre Chance genutzt und über diesen Job eine tolle Karriere gestartet.

Es ist Ihre Aufgabe, sich vor Arbeitsbeginn mit wichtigen Fragen auseinanderzusetzen und diese gegebenenfalls mit Fingerspitzengefühl gegenüber dem neuen Arbeitgeber anzusprechen beziehungsweise entsprechende Auskünfte von ihm einzuholen. Denken Sie daran, dass Sie verantwortlich sind und es in Ihrem Interesse liegt, die ersten Tage im Job erfolgreich zu bestehen. Dafür müssen Sie unter Umständen schon im Vorfeld etwas tun. Erlauben Sie sich nicht, durch Abwesenheit oder Untätigkeit zu glänzen und die Verantwortung nach dem Motto zu delegieren: „Es ist ja wohl die Aufgabe des Unternehmens/des neuen Chefs/der Vorgängerin, mich einzuarbeiten." Im Zweifelsfall entwickelt sich eine solche Haltung zu Ihren Ungunsten. Das Unternehmen tut sich meist leichter, eine andere Kandidatin für die Stelle auszuwählen, als Sie, in der Kürze einen anderen Job zu finden.

Sammeln Sie Informationen

Recherchen über das neue Unternehmen

Sie können nicht genug wissen: über Ihr neues Unternehmen, Ihren neuen Aufgabenbereich und Ihre Kollegen. Sicher haben Sie schon in der Vorbereitung auf das Einstellungsgespräch Informationen über das Unternehmen gesammelt. Diese Notizen sollten Sie nun noch einmal durcharbeiten. Falls Ihre Recherchen nicht vollständig oder bestimmte Quellen vorher nicht zugänglich waren, so finden Sie weitere Erkenntnisse zum Beispiel in Firmenbroschüren, in Mitarbeiterzeitungen, am schwarzen Brett, im Intranet und natürlich auf der Website des Unternehmens. Auch Pressemeldungen des Unternehmens sind immer einen Blick wert. Berichte aus Lokalzeitungen bieten interessante Informationen über lokalpolitische Zusammenhänge. Achten Sie darauf, dass Sie bestimmte Kennzahlen des Unternehmens parat haben: Dazu gehören die Anzahl der Mitarbeiter, die Anzahl der Niederlassungen, die Tätigkeitsgebiete, die Firmengeschichte und natürlich die entsprechenden Produkte oder Dienstleistungen. Auch ist es ratsam, den oder die Mitbewerber zu beobachten und die Branchenkenntnisse zu aktualisieren. Sollten Sie den Wirtschaftszweig oder die Branche wechseln, haben Sie hier Handlungsbedarf und sollten die Zeit nutzen, um sich intensiv mit Ihrer neuen beruflichen „Heimat" zu beschäftigen.

Analysieren Sie das Anforderungsprofil

Gibt es Nachholbedarf?

Wahrscheinlich haben Sie bei der Analyse der Stellenanzeige schon die Anforderungen ableiten können. Auch im Vorstellungsgespräch haben Sie Einblick in das geforderte Können bekommen. Nehmen Sie sich diese Notizen erneut zur Hand und gleichen Sie diese kritisch mit Ihren Fähigkeiten ab. Sollten Sie persönlichen „Nachholbedarf" betreffend Branche, Produktpalette, Mitbewerber oder persönlichen Entwicklungsstand entdecken, so nehmen Sie schleunigst Fahrt auf und arbeiten Sie an diesen Schwachstellen.

Arbeiten Sie an Ihren Schwächen

Wissenslücken schließen

Nicht selten neigen Neueinsteiger dazu, ihre Schwächen zu ignorieren. Doch machen wir uns nichts vor: Schwächen hat jeder. Wenn Ihr „wunder Punkt" im Job eine Rolle spielt (und das tut er meistens), dann nutzen Sie die verbleibende Zeit, um die Schwachstelle auszugleichen. Keine Sorge, das Unternehmen verlangt von Ihnen in den ersten Tagen keine Perfektion. Doch innerhalb der Probezeit sollten Sie es schaffen, mit Ihren Routine-Aufgaben vertraut zu werden. Sie werden sehen, dass Sie in den ersten Tagen im neuen Job froh darum sein werden, wenn Sie die freie Zeit vorab genutzt haben, um bestimmte Wissenslücken zu schließen: Sei es, dass Sie einen Kurs besuchen und an Ihrer Präsentationstechnik feilen, oder dass Sie sich im Selbststudium auf den neuesten Stand in puncto Fachliteratur bringen. Falls Sie ein individuelles Einführungsprogramm durch das neue Unternehmen angeboten bekommen, können Sie darin auf Ihre individuellen Wünsche eingehen und dort schon an Ihren Schwächen arbeiten. Scheuen Sie sich nicht davor, nach entsprechenden Informationen zu fragen. Früher oder später würde sich ohnehin herausstellen, dass hier ein Defizit besteht. Umso besser, wenn Sie möglichst früh damit herausrücken und dadurch Selbsterkenntnis und Lernbereitschaft demonstrieren sowie eine effiziente Einarbeitung sicherstellen.

Beschäftigen Sie sich mit Ihrer inneren Stimme

Sich mit Zweifeln und Unsicherheit auseinandersetzen

Es ist völlig normal, dass die erste Euphorie über den neuen Job allmählich leisen Befürchtungen Platz macht. Die meisten Neulinge bekommen in dieser Phase Selbstzweifel oder sogar richtig Angst vor der neuen Herausforderung. Setzen Sie sich mit Ihrer Unsicherheit aktiv auseinander und machen Sie sich selbst Mut. Es hilft Ihnen nichts, wenn Sie sich größte Sorgen machen, ob Sie den Anforderungen entsprechen werden – im Gegenteil. Haben Sie Vertrauen, dass die meisten Personalchefs anhand von Bewerbungsunterlagen, persönlichen Gesprächen und Einstellungstests ganz gut beurteilen können, ob die Bewerberin den Anforderungen

gewachsen ist. Natürlich ist es normal, dass Sie nervös sind und Ihnen ab und an Zweifel kommen. Dennoch dürfen Sie sich selbst dabei nicht boykottieren.
Tabu sind Selbstgespräche nach dem Motto „Ich bin womöglich nicht gut genug“ oder „Hoffentlich stelle ich mich nicht ganz doof an“. Fragen Sie sich stattdessen objektiv ...

- ❑ ... was Ihre Vorgesetzten von Ihnen (am Anfang) erwarten werden.
- ❑ ... was Ihre Kollegen sich von Ihnen erhoffen.
- ❑ ... welche Erwartungen Sie an sich selbst haben.

Wie so oft ist es auch hier hilfreich, wenn Sie sich zu diesen Fragen und Ihren Gedanken Notizen machen. Gehen Sie Ihre Vorstellungen nacheinander durch und achten Sie darauf, dass diese realitätsnah sind. Nehmen Sie bewusst den Blickwinkel der anderen ein, um zu erkennen, dass noch kein Meister vom Himmel gefallen ist. Meist haben Ihre Befürchtungen übrigens glücklicherweise wenig mit der Realität zu tun. Bedenken Sie, dass Sie aufgrund Ihres Fachwissens und Ihrer Persönlichkeit eingestellt wurden. Also: Bauen Sie sich selbst auf und machen Sie sich immer wieder Ihre Stärken, Kompetenzen, Fähigkeiten und Erfahrungen bewusst. Denn diese haben Sie auch an Ihr Ziel gebracht: den neuen Job!

Investieren Sie in Ihren ersten Eindruck

Den Kleiderschrank sichten und „nachrüsten“

Ein Jobwechsel hat auch im entfernten Sinn etwas mit einer Aufräumaktion zu tun. Sie „entrümpeln“ Ihre alten Gewohnheiten und (negativen) Erlebnisse bei Ihrem letzten Arbeitgeber und schaffen Platz für Neues. Sicher konnten Sie sich beim Vorstellungsgespräch schon einen ersten Eindruck über die Arbeitskleidung Ihrer zukünftigen Kollegen verschaffen. Wenn Sie selbst nur wenige Stücke haben, die in das neue Umfeld passen, so nehmen Sie den Jobwechsel zum Anlass, Ihre Kleidung zu aktualisieren. Sichten Sie Ihren Kleiderschrank und rüsten Sie bei Bedarf nach.

Denn wenn Sie mit Ihrem Äußeren zufrieden sind, kommen Sie am ersten Arbeitstag auch selbstsicher und überzeugend in der neuen Firma an. Abzuraten ist allerdings von einer „Rundum-Erneuerung“: Sie sollten nicht plötzlich als neuer Mensch mit völlig neuem Styling von Kopf bis Fuß auftreten. Mit einem komplett anderen äußeren Auftreten wird automatisch auch ein anderer Typ verbunden. Damit verwirren Sie nur unnötig die Menschen, die Sie ja aufgrund Ihres „altbekannten“ Auftretens eingestellt haben.

Organisieren Sie rechtzeitig Ihr Umfeld

Die neue Umgebung erkunden

Vielleicht müssen Sie in eine neue Stadt ziehen. Dann sollten Sie darauf achten, dass Sie rechtzeitig umziehen. Erfahrungsgemäß lässt Ihnen eine Frist von zwei Wochen vor dem eigentlichen Arbeitsbeginn ausreichend Luft, sich mit der neuen Umgebung vertraut zu machen und die notwendigsten Erledigungen, bürokratische Dinge wie Ummelden sowie Einkäufe vorzunehmen. Auch der familiäre Background muss neu organisiert werden. Falls Sie Kinder haben, sollten Sie sich beim Umzug in ein neues Bundesland genauestens über das dortige Schulsystem informieren, um zu wissen, was Ihre Kleinen in der neuen Stadt und der neuen Lebenssituation erwartet. Planen Sie die tägliche Anfahrt von der Wohnung zum Arbeitsplatz genau, denn nichts ist schlimmer, als am ersten Tag zu spät zu kommen. Testen Sie also vorher, wie lange die Fahrt mit dem Auto oder öffentlichen Verkehrsmitteln zur neuen Firma dauert.

2 Sympathisch einsteigen

Der Durchschnittsmensch steckt nur ein Viertel seiner Energie und Fähigkeiten in die Arbeit. Hut ab vor denen, die mehr als die Hälfte geben. Die Welt steht Kopf vor den wenigen, die alles geben.
Andrew Carnegie (1835-1919)

Der erste Eindruck zählt

Innerhalb weniger Sekunden entscheiden Sympathie- oder Antipathiefaktoren, ob der Start in den neuen Job gelingt oder misslingt. Noch immer sind es die Signale des ersten Eindrucks, die zählen und sich im Nachhinein kaum korrigieren lassen.

Der Dresscode ist in jedem Unternhemen anders

Beginnen wir mit dem Thema Kleidung: Sie sagen mit Ihrer Kleidung viel über sich selbst aus und senden hierüber positive oder negative Signale. Ihr Outfit, für das Sie sich entscheiden, ist davon abhängig, in welchem Unternehmen Sie arbeiten werden. In einer Agentur für neue Medien herrscht ein anderer Kleidungsstil als in der klassischen Unternehmensberatung. So gesehen hat jede Branche und jedes Unternehmen einen eigenen Dresscode, an dem Sie sich orientieren.

Business-Dresscode: Kleider machen Leute

Einen Eindruck von der Kleiderordnung haben Sie im Vorstellungsgespräch erhalten. Für den ersten Tag gilt, dass Sie problemlos ein wenig overdressed sein dürfen. Jeder Mitarbeiter hat Verständnis dafür, dass man in den ersten Tagen für die richtige

Kleidung ein Gefühl entwickeln muss. Allerdings sollten Sie es sich an keinem einzigen Tag im Unternehmen erlauben, underdressed aufzutreten. Zuverlässigkeit und Loyalität spiegeln sich nämlich auch in der Kleidung wider.
An Ihrem ersten Tag werden Sie sehr viele Personen kennenlernen und einen wichtigen ersten Eindruck hinterlassen. Dieser entsteht nachweislich schon innerhalb von drei Sekunden. Genau genommen wirken Sie beim ersten Eindruck zu

- ❑ 55 Prozent durch nonverbale Signale,
- ❑ 38 Prozent durch Ihre Stimme,
- ❑ 7 Prozent durch das Gesagte.

In dieser kurzen Zeitspanne werden Sie zwangsläufig fast ausschließlich durch nonverbale Signale überzeugen. Dazu gehören Gestik, Mimik und vor allem auch die Kleidung. Je nachdem, wo Sie auf der Werteskala zwischen den Extremen konservativ-autoritär und kreativ-leger stehen, können Sie mit Ihrer Kleidungswahl diese Position unterstützen und untermauern. Auch wenn als Beurteilungskriterium „Leistung" zumeist an erster Stelle genannt wird, spielen das Auftreten und das Outfit keine so unerhebliche Rolle beim Weg nach oben auf der Karriereleiter.
Korrekte Kleidung, der richtige Dresscode, ein seriöses Auftreten und ein gepflegtes Erscheinungsbild sind im Business immer angesagt. Vor allem in Berufen mit direktem Kundenkontakt ist konservative Bekleidung gefragt. Schließlich präsentieren Mitarbeiter im Kundenkontakt das Unternehmen nach außen: Eine seriöse Kleidung steht für ein insgesamt seriöses Auftreten des Mitarbeiters und seines Unternehmens. Umgekehrt gilt das leider auch: Ein nachlässiges Erscheinungsbild legt den Schluss nahe, dass man es womöglich nirgendwo im Unternehmen so ganz genau nimmt.
Einen allgemein gültigen Dresscode gibt es aber leider nicht. Jede Branche, jedes Unternehmen und jede Abteilung hat ihre eigene ungeschriebene Kleiderordnung. Während ein schwarzes Nadel-

streifenkostüm in einer Unternehmensberatung den dortigen Gepflogenheiten entspricht, stößt der seriöse Look in einer Agentur für neue Medien eher auf Unverständnis. Dennoch existieren einige Klassiker der Damenbekleidung, die frau immer gut aussehen lassen:

So sind Sie immer korrekt gekleidet

- ❑ Der klassische dunkelblaue Damenblazer gehört zu den zeitlosesten Einzelstücken bei der Damenoberbekleidung. Die ideale Jackettlänge orientiert sich an der individuellen Statur. Je größer die Trägerin, umso länger darf das Jackett geschnitten sein.
- ❑ Edeljeans kombiniert mit hochwertigen Blazern und Blusen werden mittlerweile in vielen Branchen als businesslike akzeptiert. 7/8-Hosen dagegen sind trotz der aktuellen Mode ebenso wenig als Geschäftsgarderobe geeignet wie Leggins oder Bermudas.
- ❑ Röcke sollten im Geschäftsleben nicht zu eng und zu kurz ausfallen und möglichst das Knie umspielen. Gerade noch erlaubt sind Röcke, die eine Handbreit über dem Knie enden.
- ❑ Etuikleider sind eine gelungene Alternative zum klassischen Kostüm oder Hosenanzug, wobei Sie zu ärmellosen Kleidern ein passendes Jackett kombinieren sollten.
- ❑ Oberteile, die unter dem Blazer getragen werden, müssen die Schultern bedecken und einen Ärmelansatz aufweisen.
- ❑ Die Bluse ist ein Klassiker der besonderen Art. Achten Sie auf den Schnitt: Wenn die Bluse mit einem geraden Schnitt endet, kann sie auch außerhalb der Hose oder des Rockes getragen werden. Endet die Bluse dagegen halbrund, so wird sie nicht außerhalb getragen, sondern in die Hose beziehungsweise in den Rock gesteckt.
- ❑ Ein absolutes Muss zum korrekten Business-Outfit ist der Feinstrumpf. Dabei ist eine Stärke von 14 bis 20 den ideal. Tragen Sie am besten hautfarbene oder dunkle Strümpfe und Strumpfhosen, die farblich auf die übrige Garderobe abgestimmt sind. Die Beine wirken übrigens optisch länger, wenn

die Strümpfe Ton in Ton mit dem Schuhwerk abgestimmt werden.

- Ein perfektes Outfit steht und fällt mit den Schuhen. Ein mittelhoher Absatz ist im Berufsleben eine gute Wahl. High Heels sind zwar modisch, bieten aber wenig Standfestigkeit, was sich nicht nur in Präsentationen ungünstig auswirken kann. Die Schuhe müssen vorne geschlossen, dürfen aber an der Ferse offen sein. Flip-Flops, Sandalen und Sandaletten haben also im Business nichts zu suchen.

STOP Selbst bei hochsommerlichen Temperaturen sollte sich frau strikt an den Business-Dresscode halten. Sicher, das Business-Outfit ist branchenabhängig, aber wer sich nachlässig gekleidet aufs Business-Parkett begibt, kommt – unabhängig von Funktion und Branche – sehr schnell und leicht ins Schwitzen. Bauchfreie Oberteile, Spaghettiträger-Tops, Neckholder-Oberteile, schulterfreie Shirts gehören daher eindeutig in den Freizeitbereich. Durchsichtige Kleidung, zu enge und sichtbare Unterwäsche und ein zu tiefes Dekolletee sind unangebracht. Eine Sonnenbrille lässig ins Haar gesteckt passt zur Freizeit gut, nicht jedoch zum Job.

Rundum gepflegt

Eine gepflegte Erscheinung ist im Berufsleben besonders wichtig. Manikürte Hände, eine geschmackvolle Frisur und ein dezentes Tages-Make-up gehören neben der täglichen Körperpflege immer dazu:

Die Hände – Ihre Visitenkarte

- Die Hände gelten als Visitenkarte des Menschen. Neben dem Gesicht sind sie am häufigsten den Blicken anderer ausgesetzt. Egal ob im Geschäftsleben oder privat: Gepflegte Hände machen Eindruck. Die Nägel sollten nicht zu lang und sorgfältig manikürt sein. Vermeiden Sie das Lackieren der Nägel in dunkelroten oder schrillen Tönen. Untersuchungen haben ergeben, dass sich Bewerberinnen mit auffallend rot lackierten Fingernägeln wesentlich mehr Fragen zu ihrer fachlichen Kompetenz gefallen lassen müssen. Das heißt, dass dieses äußere Merkmal einen Personaler unbewusst auf weniger Sachverständigkeit der Bewerberin schließen lässt. Natürlich muss das nicht stimmen – aber der erste Eindruck zählt eben.

- ❑ Ein dezent geschminktes Gesicht wirkt nicht nur frischer, es verleiht auch besondere Attraktivität.
- ❑ Wählen Sie einen frischen oder eleganten „Business-Duft“, der zu Ihrem Typ passt und weder zu süß noch zu schwer oder blumig ist.
- ❑ Je weniger Haut Sie zeigen, desto mehr Autorität strahlen Sie aus.

Stiltypen

Welcher Stiltyp sind Sie?

Den individuellen Typ noch besser zur Geltung zu bringen vermag frau, wenn sie ihre individuelle Stilrichtung kennt. Die klassische Farb- und Stillehre unterscheidet vier Stilrichtungen: natürlich, klassisch, dramatisch und romantisch.

Der natürliche Typ

Dieser Typ bevorzugt Tragekomfort und liebt lässige Formen und dezente, natürliche Farben. Alles soll unkompliziert und funktionell sein. Entsprechend „pur“ fällt auch das Make-up aus: getönte Tagescreme, Wimperntusche und ein dezenter Lippenstift. Die Frisur ist wenig zeitaufwendig und pflegeleicht.

Der klassische Typ

Noblesse oblige, aber mit dem nötigen Understatement. Exakte Passform und erlesene Stoffqualität kennzeichnen diesen Typ. Der

Eindruck dieser schlichten und überwiegend zeitlosen Basisgarderobe wird durch eine neutrale Farbgebung noch verstärkt. Bei den Farben dominieren Blau, Weiß, Grau und Schwarz. Dezente Naturtöne wie Beige, Kamel und Sand geben Autorität. Apricot, Rosenholz und Royalblau setzen belebende Akzente. Diese Frauen tragen gern Hosenanzüge, sehen aber auch in femininen Kostümen klasse aus. Auch beim Make-up wird Understatement großgeschrieben: dezent und unaufdringlich. Grundierung, Puder, Wimperntusche und exakt geschminkte Lippen sind ein Muss. Die Frisuren sind klassisch.

Der dramatische Typ

Dieser Typ fällt gern durch deutliche Stilaussagen auf und setzt auf starke Kontraste. Die Kleidung orientiert sich stets an den aktuellen Trends. Starke Farben und körpernahe Schnitte kennzeichnen auch das Business-Outfit. Dieser Typ trägt am liebsten Schwarz und Rot. Individualität wird auch bei den Accessoires in Szene gesetzt: eine auffallende Brillenform, ein Ring mit unvergleichlichem Design oder außergewöhnliche Knöpfe. Vorsicht: Im Business ist weniger oft mehr. Das Make-up wird zelebriert. Dunkle Lidschatten und ungewöhnliche Lippenstifte verleihen dem meist hell geschminkten Teint einen eigenwilligen Touch. Die Frisuren sind stets ausgefallen.

Der romantische Typ

Nüchternes und Hartes ist diesem Typ zuwider. Kostüme oder Kleider stehen diesem femininen und zarten Typ am besten. Blümchenmuster und Schleifen sind allerdings der Freizeitkleidung vorbehalten und sollten nicht im Büro präsentiert werden. Dieser Stiltyp liebt verspielte Accessoires, sollte aber im Geschäftsleben sehr sparsam damit umgehen. Das Make-up zeigt eher weiche Züge.

Die Macht der Farben

Farben beeinflussen die Psyche

Für den perfekten Businessauftritt gilt: Je höher die Position innerhalb einer Hierarchie, umso dunkler werden die getragenen Farben. Mit den Farben, die wir tragen, beeinflussen wir nicht nur unsere Psyche, sondern auch unser Gegenüber. Daher spielt die Wahl der Farben beim ersten Eindruck eine entscheidende Rolle.

Rot

Rot fällt auf. Will frau Autorität wahren, aber nicht provozieren, trägt sie diese Farbe nur in Maßen. Geeignet als Oberteil (Farbtupfer) unter einem dunklen Blazer.
Rot wirkt selbstbewusst, optimistisch, bestimmt und aufregend. Je nach Farbausprägung kann Rot aber auch aggressiv, provozierend oder beherrschend sein. Zumal wir Rot als Farbe kennen, die uns zur Vorsicht mahnt: so beispielsweise im Straßenverkehr das Stopp-Schild und die rote Ampel.

Rosa

Diese feminine Farbe lockert den klassischen Business-Look auf. Rosa wirkt auf der einen Seite sanft, frisch, zugänglich und unbeschwert. Auf der anderen Seite kennen wir Rosa als typische Farbe für Kinder. Daher gilt diese Farbe auch als verletzlich und wenig selbstbewusst. Achten Sie darauf, Rosa nicht im Übermaß zu tragen, sondern in Kombination – beispielsweise als Bluse zum dunklen Kostüm.

Blau

Diese Farbe vermittelt Kompetenz und Vertrauenswürdigkeit. Ein marineblaues Kostüm drückt Autorität aus und lässt seine Trägerin seriös, loyal, versiert, unaufdringlich und diplomatisch erscheinen. Dunkles Blau ist die ideale Kleidungsfarbe für alle Branchen, in denen es um Vertrauen geht. Nicht von ungefähr ist Dunkelblau die Berufskleidung von Piloten, Flugbegleitern, Marinesoldaten,

Bankern, Handwerkern und neuerdings sogar von der Polizei. All diese Berufsgruppen haben gemein, dass wir ihnen besonderes Vertrauen entgegenbringen: Sei es, weil wir uns in das von ihnen gesteuerte Flugzeug setzen oder ihnen unsere Finanzen anvertrauen. Auch wenn Sie keine Pilotin sind, ist Dunkelblau die ideale Farbe für einen guten ersten Auftritt und Eindruck. Darüber hinaus ist es empfehlenswert, den dunkelblauen Hosenanzug oder das gleichfarbige Kostüm immer dann aus dem Schrank zu holen, wenn ein wichtiger Termin im Kalender steht oder ein schwieriges Gespräch geführt werden muss. In diesen Fällen ist souveränes und glaubhaftes Auftreten von besonderer Bedeutung. Ausnahmen bestätigen allerdings die Regel: Da Dunkelblau einen konservativen Touch hat, ist diese Farbe in kreativen Branchen nur selten anzutreffen.

Grau

Diese Farbe gilt als traditionelle Business-Farbe. Mit einem grauen Hosenanzug wirken Sie seriös, ausgewogen, geradlinig, unaufdringlich, neutral und machen garantiert nichts falsch. Damit dieser Business-Dress Sie nicht zur grauen Maus werden lässt, setzen Sie am besten Akzente mit einer aussagekräftigeren Farbe: Kombinieren Sie den grauen Anzug mit einer rosa Bluse oder einem roten Oberteil. Das wirkt frisch und lebendig.

Schwarz

Schwarz schafft Distanz. Denn je höher die berufliche Hierarchie, umso dunkler ist die Kleiderfarbe. Und dunkler als Schwarz geht bekanntermaßen nicht. Darüber hinaus kennen wir Schwarz als Farbe der Trauer: So war es in früheren Zeiten üblich, längere Zeit nach einem Todesfall noch Schwarz zu tragen, um die eigene Trauer nach außen zu demonstrieren. Man bat dadurch um Rücksichtnahme und Distanz. Doch nicht nur für traurige Anlässe ist Schwarz typisch: Auf Hochzeiten tragen der Bräutigam und die männlichen Hochzeitsgäste Schwarz, auf Opernpremieren verbreiten schwarze Kleider Eleganz. Die Farbe Schwarz gilt daher als feierlich, stark, würdevoll und distanziert. Tragen Sie im Business Schwarz, so ist es wichtig, frische Akzente durch lebendige Farbkombinationen zu setzen – sonst wirkt der schwarze Dress zu düster.

Braun

Ist Braun eine Business-Farbe? An dieser Frage scheiden sich die Geister. Ursprünglich galt Braun als Freizeitfarbe und daher als wenig businesstauglich. Doch die Mode hat tapfer Einzug in die Business-Etagen gehalten und dem Dunkelbraun den Weg bis in die Vorstandsetagen geebnet. Heutzutage findet sich dunkles Braun als Business-Farbe fast überall. Dennoch ist die Farbe keine gute Wahl für offizielle Termine und wichtige Gespräche, weil ihre Wirkung tendenziell harmlos und schwerfällig ist. Am Abend gilt übrigens die Devise: No brown after six! Das bedeutet, dass Sie keine dunkelbraunen Schuhe und keine dunkelbraune Kleidung zu Abendveranstaltungen anziehen sollten.

Weiß

Weiße Blusen sind klassische Kombinationspartner von Hosenanzügen und Kostümen. Diese Farbe wirkt rein, klar, seriös, frisch und sogar futuristisch. Ein weißer Hosenanzug oder ein weißes Kostüm ist dagegen nur an Hochsommertagen im Büro empfehlenswert. Achten Sie dann auf blickdichte Stoffe und andersfarbige Akzente: Edel wirkt insbesondere die Kombination mit dunklem Beige. Vorsicht: Von Kopf bis Fuß in Weiß kleiden sich nur bestimmte Berufsgruppen wie Ärzte oder Krankenschwestern.

Beige

Beige ist ein eleganter Klassiker unter den Business-Farben. Beige wirkt souverän, smart, edel und ist Sommer wie Winter tragbar. Bei Abendveranstaltungen sollten Sie allerdings auf dunklere Kleidung ausweichen.

Tipp Nehmen Sie wichtige geschäftliche Termine in den dunklen, gedeckten Business-Farben wahr. Achten Sie bei der Wahl Ihrer Kleidung auf die Proportionen: Helle Farben betonen, dunkle Farben kaschieren. Deshalb sollten Sie Problemzonen immer mit dunklen und matten Teilen „kleiden“. Helle und glänzende Stoffe weiten die Silhouette optisch und wirken flächiger.

Weniger ist mehr

Tragen Sie nie mehr als neun Dinge sichtbar, sonst wirken Sie leicht überladen. Zum Beispiel:

- ❑ ein Paar Schuhe
- ❑ ein Paar Strümpfe
- ❑ eine Hose
- ❑ einen Gürtel
- ❑ eine Bluse
- ❑ einen Blazer
- ❑ eine Halskette
- ❑ eine Uhr
- ❑ ein Paar Ohrringe

Sollten Sie auffälligen Haarschmuck oder eine Brille tragen, zählen diese Gegenstände ebenfalls dazu. Nicht dazu zählen dagegen Kleidungsstücke die nicht sichtbar sind, wie beispielsweise Unterwäsche.

Tipp Achten Sie darauf, nicht mehr als drei Farben und zwei Muster miteinander zu kombinieren. Zum Beispiel: Ein schwarz-weißes Nadelstreifenkostüm (1. Farbe: Schwarz/2. Farbe: Weiß/1. Muster: gestreift) und eine rosa Bluse (3. Farbe: Rosa) wären denkbar. Nicht kombinierbar wäre eine gestreifte Bluse in Rosa und Hellblau.

Business-Etikette: Von Begrüßung bis Smalltalk

Vorstellung

An Ihrem ersten Arbeitstag im neuen Unternehmen lernen Sie viele neue Leute kennen. Sie können davon ausgehen, dass Sie eine ganze Menge Hände schütteln, einige neue Gesichter sehen und sich zahlreiche Namen merken sollen.

Sie selbst sind in der komfortablen Lage, dass Sie den neuen Kollegen vorgestellt werden. Es gilt die Devise, dass dem Ranghöchsten vorgestellt wird. In Ihrem Fall bedeutet das, dass Sie zuerst dem Firmeninhaber oder Geschäftsführer, dann dem Abteilungsleiter und schließlich den Kollegen vorgestellt werden. Bei diesem ersten Kennenlernen sagen Sie „Es freut mich“ oder „Schön, Sie kennenzulernen“. Vermeiden Sie die Formulierung „Angenehm“ – das wirkt heutzutage antiquiert. Übrigens: Schon an dieser Stelle tun Sie gut daran, sich möglichst viele Namen und Gesichter einzuprägen.

Sich selbst vorstellen

Sollte gerade einmal niemand in der Nähe sein, der Sie vorstellen kann, ergreifen Sie selbst die Initiative. Dies gilt insbesondere dann, wenn der erste Arbeitstag verstrichen ist und Sie an den folgenden Tagen immer öfter auf sich allein gestellt sind. Treffen Sie auf ein neues Gesicht, stellen Sie sich selbst am besten mit den Worten „Guten Tag, darf ich mich Ihnen vorstellen, mein Name ist Andrea Schwarz“ oder „Hallo, ich glaube, wir kennen uns noch nicht. Ich bin Andrea Schwarz und arbeite seit Kurzem in der Presseabteilung“ vor.

Treffen Sie auf mehrere unbekannte Gesichter, sollten Sie zunächst die ranghöchste Person (zum Beispiel Abteilungsleiter vor Mitarbeiterin) begrüßen. Nun ist das anfangs natürlich schwierig zu beurteilen, wer der Ranghöchste ist – Sie können ja noch nicht alle Kollegen und Vorgesetzten zuordnen. Begrüßen Sie daher immer von links nach rechts und sagen Sie ab drei Personen den Satz „Guten Tag, ich darf mich Ihnen der Reihe nach vorstellen? Mein Name ist Andrea Schwarz und ich arbeite seit Kurzem in der Presseabteilung.“

Hat jemand einen akademischen Grad beziehungsweise einen Titel, so achten Sie unbedingt darauf, diesen in der Anrede zu verwenden. So heißt „Dr. Thomas Schmid“ in der persönlichen und schriftlichen Anrede immer „Herr Dr. Schmidt“. Ein „Professor Dr. Michael Müller“ wird „nur“ mit dem höchsten Titel angesprochen und angeschrieben und heißt dann „Herr Professor Müller“.

Begrüßung

Wer den anderen zuerst sieht, grüßt zuerst. So beispielsweise wenn Sie einen Ihrer Kollegen auf dem Flur treffen. Laufen Sie dagegen Ihrem Chef über den Weg, liegt es an Ihnen, zuerst „Guten Tag“ zu sagen. Der Grund: Ihr Chef ist „ranghöher“, da er eine höhere Position im Unternehmen hat. Somit grüßen Sie ihn zuerst. Ob man sich die Hände schüttelt, ist je nach Situation und Unternehmensphilosophie zu beurteilen. In manchen Büros ist es üblich, sich jeden Morgen per Handschlag zu begrüßen; in anderen Unternehmen gilt das nur, wenn man sich einige Tage nicht gesehen hat.

Das lockere Geplauder

Im Business-Alltag gehört die Kunst des kleinen Gesprächs zum guten Ton und zeugt von besten Umgangsformen. Wer das lockere Geplauder beherrscht, wirkt auf Kollegen, Vorgesetzte und Kunden sympathisch, selbstsicher und kommunikationsstark. Nicht selten öffnen beiläufige Gespräche Türen oder lassen zumindest Interessantes erfahren. Smalltalk findet insbesondere dann statt, wenn sich die Beteiligten noch nicht (so gut) kennen. Das bedeutet also, dass Sie in Ihrer Anfangszeit im Unternehmen eine ganze Menge Smalltalk betreiben werden und auf diese Art und Weise die neuen Kollegen besser kennenlernen.

Die gute Nachricht lautet: Frauen sind bravouröse Smalltalkerinnen. Sie können durch Gespräche sehr gut Kontakte knüpfen und harmonische Beziehungen aufbauen. Ganz anders als die männlichen Kollegen: Diese messen sich gern in Smalltalk-Gesprächen, um herauszufinden, welchen Status sie im Vergleich zu ihren Kollegen haben. Darauf kommt es in der Anfangsphase jedoch nicht an, im Gegenteil: Sie sind die Neue im Unternehmen und sollten nicht mit Besserwisserei auftrumpfen, sondern sympathisch und eloquent wichtige Kontakte anbahnen.

Frauen sind Smalltalk-Talente

Das Sprachverhalten zwischen Frauen und Männern ist allgemein konträr und wegen ihres Redeflusses sind Frauen nicht selten sogar die Zielscheibe des männlichen Spotts. So senden Frauen täglich zirka dreimal mehr Wörter, Tongeräusche und Körpersignale aus als die männlichen Kollegen. Darüber hinaus sind Frauen mehrspurig veranlagt: Sie können über mehrere Themen gleichzeitig reden und schaffen das manchmal sogar in einem einzigen Satz.

Wes Geistes Kind sind Sie?

Kein Wunder also, dass Frauen als Smalltalk-Talente gelten. Nutzen Sie diese Stärke, um ihre Kollegen besser kennenzulernen. Wundern Sie sich aber nicht, wenn Ihre Smalltalk-Gespräche mit den Kollegen ganz anders ablaufen als entsprechende Gespräche mit den neuen Kolleginnen. Die Männer werden zügiger über die klassischen Smalltalk-Themen hinweggehen und Ihnen auf den Zahn fühlen: Wo kommen Sie her? Welches sind Ihre fachlichen Qualifikationen? Wie ist Ihre Einstellung zu bestimmten fachlichen Fragen? So lauten die Themen, mit denen Ihre Kollegen herausfinden, wes Geistes Kind Sie sind. Keinesfalls dürfen Sie sich an dieser Stelle unterbuttern lassen und Ihre bisherigen Erfolge unter den Scheffel stellen. Machen Sie deutlich, dass Sie sich auf die neue Aufgabe und die damit verbundene Möglichkeit, Ihr Wissen und Ihre Erfahrungen in das Unternehmen einzubringen, sehr freuen. Zeigen Sie sich selbstbewusst, aber nicht arrogant.

Achten Sie in Smalltalk-Gesprächen mit männlichen Kollegen darauf, Ihren Gesprächspartner nicht zu unterbrechen. Denn Männer unterbrechen Gespräche für gewöhnlich nur dann, wenn sie aggressiv werden oder den anderen übertreffen wollen. Für frau ist das aber keine leichte Aufgabe: Denn Frauen zeigen durch gleichzeitiges Reden, dass das Gespräch für sie interessant ist. Ihr Gesprächspartner sieht darin allerdings den Versuch, ihn zu übertrumpfen, oder kann Ihre Äußerungen gar nicht einorden. Denn er ist – im Gegensatz zu Ihnen – eben nicht mehrspurig veranlagt.

Frauen dagegen führen ein Smalltalk-Gespräch, um Sie persönlich besser einschätzen zu können und um eine Gemeinschaft herzustellen. Es wird über allgemeine Themen gesprochen beziehungsweise

ein oberflächlicheres Geplauder stattfinden. Dennoch hat auch dieser Smalltalk eine wichtige Bedeutung, da er Beziehungen aufbaut.
Die Gespräche von Frauen laufen indirekt ab. Eine indirekte Ausdrucksweise vermeidet Konflikte und Unstimmigkeiten und sichert die Harmonie zwischen den Gesprächspartnern. Allerdings wird die indirekte Ausdrucksweise von Männern nicht immer verstanden. Zum Beispiel:

z.B.

Frau: „Möchten Sie einen Kaffee trinken?"
Frau: „Ja, gern. Nehmen Sie ebenfalls eine Tasse?"
Oder: „Nein, danke. Ich komme aber gern mit in die Küche, wenn Sie sich einen Kaffee holen möchten."
Oder: „Wir können noch kurz warten, wenn Sie sich eine Tasse holen möchten."
Das Gespräch zwischen Mann und Frau läuft dagegen anders ab:
Frau: „Möchten Sie einen Kaffee trinken?"
Mann: „Nein, danke. Wir beginnen am besten gleich mit der Besprechung."

Frauen sind sensibel für die indirekte Kommunikation und erkennen die Frage hinter der Frage. Männer dagegen nehmen und verstehen „nur" den direkten Weg.

Tipp

In Smalltalk-Gesprächen mit Frauen ist es wichtig, dass Sie Gemeinsamkeiten feststellen. Sei es der gleiche Studiengang oder die Tatsache, dass Sie jetzt als Kolleginnen zusammenarbeiten. Unterhält sich eine Frau ausgiebig mit Ihnen, ist das ein Zeichen dafür, dass sie Sie mag und in Ihre Gemeinschaft aufgenommen hat.

Allgemein wählen Sie für den Smalltalk immer nur positive Themen. Darüber lässt sich deutlich leichter eine gute Gesprächsatmosphäre und letzen Endes auch eine positive Beziehung aufbauen. Da Sie Ihr Gegenüber noch nicht kennen, sollten die Themen unverfänglich sein und keine Fachkenntnisse erfordern.

Neue Gesichter und neue Namen merken

Es hört sich zwar einfach an, ist es aber nicht. Wenn Sie in den ersten Tagen im neuen Job viele neue Leute kennenlernen, so ist es nicht leicht, sich die vielen neuen Namen richtig zu merken. Ein wenig Disziplin und gute Eselsbrücken erleichtern die Sache allerdings erheblich.

Eselsbrücken fürs Namensgedächtnis

Eselsbrücke „Personenkette“: Angenommen, Sie lernen jemanden kennen, dessen Namen Sie sich unbedingt merken möchten. Nennen wir die Person einfach „Günther Becker“. Herr Becker arbeitet als Bauingenieur. Stellen Sie sich nun vor, dass drei Personen nebeneinander stehen:

Links steht ein Bekannter, Verwandter oder eine Person des öffentlichen Lebens, der ebenfalls Günther mit Vornamen heißt (zum Beispiel Günther Jauch). Sie können sich statt einer Person auch mehrere Personen mit diesem Vornamen vorstellen, die zusammen links stehen. In der Mitte steht „Ihr“ Günther Becker. Rechts steht ein Bekannter, Verwandter oder eine Person des öffentlichen Lebens, die ebenfalls Becker mit Nachnamen heißt (zum Beispiel Boris Becker). Sie können sich statt einer Person auch mehrere Personen mit diesem Nachnamen vorstellen, die zusammen rechts stehen.

Wenn Sie die Person das nächste Mal sehen, dann stellen Sie sich einfach die Personenreihe vor. Die Personen, die links von ihm stehen, tragen den passenden Vornamen, die Personen, die rechts stehen, haben den passenden Nachnamen.

Bei sehr ungewöhnlichen Namen ist es denkbar, dass Sie sich niemanden vorstellen können, dessen Vor- oder Nachname mit der Person übereinstimmt. Dann passt eine der anderen Merk-Methoden:

Eselsbrücke „Bildergeschichte“: Sie können sich auch „Ihren“ Günther Becker bildhaft vorstellen, wie er zusammen mit dem

Tennis-Profi Boris Becker ein neues Haus baut und sorgfältig Stein auf Stein setzt.
Im Gespräch sollten Sie Namen regelmäßig wiederholen: Einerseits prägt man sich den Namen besser ein, andererseits ist es ein Gebot der Höflichkeit, den anderen mit seinem Namen anzusprechen. Wiederholen Sie daher den Namen mindestens dreimal innerhalb des ersten Gesprächs. Setzen Sie ihn aktiv ein. Zum Beispiel: „Was halten Sie von diesem Projekt, Herr Becker?" oder „Herr Becker, welche Alternativen schlagen Sie vor...?" und „Auf Wiedersehen Herr Becker". Dies gilt natürlich auch bei Telefongesprächen.

Tipp

Meist fällt es uns schwer, uns Namen einzuprägen, weil wir nicht aufmerksam genug sind. Wir nehmen beim ersten Kennenlernen viele Eindrücke wahr: Das äußere Erscheinungsbild, den Klang der Stimme – und nun sollen wir uns auch noch das Gesagte beziehungsweise den Namen merken. Nehmen Sie sich selbst kritisch unter die Lupe und sorgen Sie dafür, dass Sie aufmerksam und aufnahmebereit sind. Am besten wiederholen Sie den Namen gleich beim ersten Vorstellen – so stellen Sie auch sicher, dass Sie ihn richtig verstanden haben.

3 Die Probezeit souverän meistern

Der erste Arbeitstag ist gekommen, Sie treten eine neue Stelle an. Dank Ihrer Vorbereitung sind Sie gut für den Start gerüstet. Nun kommt es darauf an, dass Sie sich in den kommenden Wochen zügig Ihr neues Aufgabengebiet erschließen, tragfähige Beziehungen zu Kollegen und Vorgesetzten aufbauen und sich einen guten Namen machen.
Insbesondere die ersten Tage im neuen Job sind ganz schön aufregend. Der neue Arbeitsplatz wird in Augenschein genommen, die Aufgaben werden gesichtet und angepackt und viele Fragen gestellt. Trotz der zahlreichen neuen Eindrücke sollten Sie es nicht verpassen, sich auch für das Geschehen um Ihren Arbeitsplatz herum zu interessieren. Was Sie bei Ihren Beobachtungen zu Freund- und Feindschaften, Bürotaktik und inoffiziellen Regeln erfahren, wird Ihnen nämlich in Zukunft eine hilfreiche Unterstützung sein und Sie vor Fettnäpfchen bewahren. Wer meint, sich nicht an Büropolitik beteiligen zu müssen, der irrt. Sie werden automatisch Bestandteil der Bürotaktik, wenn Sie sich in einem neuen Umfeld bewegen. Natürlich können Sie entscheiden, sich nicht an politischen Schachzügen aktiv zu beteiligen. Das Wissen über diese Zusammenhänge ist allerdings unersetzlich.

Offizielle und inoffizielle Regeln

In jedem Unternehmen gibt es zwei Regelwerke: zum einen das offizielle Regelwerk, mit dem Sie sich größtenteils durch die oben angesprochenen Maßnahmen vertraut machen können. Zum an-

deren gibt es das inoffizielle Regelwerk, das sehr viel schwieriger zu erforschen, aber nicht minder bedeutsam ist.
Zwar haben Sie schon vor dem ersten Arbeitstag einige offizielle Informationen über das Unternehmen erfahren. Doch das ist bei Weitem noch nicht alles. Widmen wir uns zunächst dem offiziellen Regelwerk, das Sie meist erst ab dem ersten Arbeitstag erschließen können. Offizielle Regeln sind dadurch gekennzeichnet, dass Sie diese bei den Kollegen und Vorgesetzten erfragen können. Inoffizielle Regeln dagegen bleiben Ihrer Beobachtungsgabe und der persönlichen Schlussfolgerung überlassen.

Hierarchien und Zuständigkeiten

Hierarchien spielen eine große Rolle im täglichen Miteinander

Jedes Unternehmen hat eine gewisse hierarchische Struktur. Unternehmenskultur und -größe entscheiden darüber, ob sie flacher oder stärker ausgeprägt ist. Hierarchien spielen regelmäßig eine große Rolle im täglichen Miteinander. Das gilt oft sogar in den Unternehmen, in denen man sich damit brüstet, keine Hierarchie zu benötigen und auf gleicher Augenhöhe miteinander umzugehen. Dieses „gleiche Recht für alle" entbindet aber nicht von bestimmten Zuständigkeiten, an denen Sie sich orientieren sollten. Nicht selten fühlt sich jemand auf den Schlips getreten, weil er umgangen oder seiner Meinung nach sogar hintergangen wurde. Ein Fauxpas, der einer Anfängerin noch lange nachhängen kann.
In puncto Hierarchien kann Ihnen ein Organigramm gute Dienste leisten. Darauf können Sie auf einen Blick erkennen, wer auf welcher Stufe im Unternehmen steht. Dieses Wissen hat weitreichende Konsequenzen: Sie erfahren nicht nur, wer welche Aufgaben innehat, sondern können dieses Wissen auch im täglichen Büroalltag, zum Beispiel bei Begrüßungs- und Vorstellungsritualen, gut gebrauchen. Achten Sie bei einem Organigramm insbesondere auf die folgenden Eckpunkte:

- ❑ Wie viele Abteilungen gibt es? Wie wirken verschiedene Abteilungen zusammen?

- ❑ Wer hat den Hut auf, wenn es um die Koordination der Abteilungen geht?
- ❑ Wer leitet die jeweiligen Abteilungen?
- ❑ Auf welcher Hierarchiestufe stehen Ihre Kollegen und Sie selbst?
- ❑ Wo befindet sich Ihr Vorgesetzter?
- ❑ Wer ist der Vorgesetzte Ihres Vorgesetzten?
- ❑ Welche büropolitischen Auswirkungen und Zwänge könnte das haben?
- ❑ Bei wem liegt die „Macht" zu delegieren oder das Budget zuzuweisen?

Unternehmensleitlinien sind häufig abhängig von der Interpretation

Über das Organigramm hinaus gibt es weitere offizielle Regeln, die Sie im Arbeitsalltag zu berücksichtigen haben. Finden Sie beispielsweise heraus, ob es eine festgeschriebene Unternehmensphilosophie oder sogenannte Unternehmensleitlinien gibt. Darin werden meistens Begriffe wie „Hilfsbereitschaft" oder „Erfolg" genannt. Diese sind interpretationsfähig in viele Richtungen: Unter Erfolg kann man wirtschaftliches Gelingen verstehen oder das Erreichen eines sonstigen Ziels, zum Beispiel als persönliche Entwicklung. Unter Hilfsbereitschaft versteht man eine Art Kooperationsvereinbarung, dank der man jemandem „unter die Arme" greifen darf. Offen ist, ob erwartet wird, dass jeder von sich aus Hilfe anbietet oder dass der Hilfesuchende zunächst darum bittet. Von sich aus Hilfe anbieten ist zwar gut gemeint, wird aber manchmal leider falsch verstanden. Nicht selten wird das mit Unbeholfenheit oder Ahnungslosigkeit gleichgesetzt. Es ist also ratsam, bei interpretationsfähigen Begriffen zu hinterfragen, wie diese wohl gemeint sind. Viele Verhaltensregeln mögen sich auf den ersten Blick zwar regelrecht banal lesen, aber Sie würden sich wundern, wenn Sie wüssten, wie viele Beziehungen unter (neuen) Kollegen schon in die Brüche gegangen sind, weil sich jemand (un-)absichtlich nicht an diese Bestimmungen gehalten hat. Anders als bei inoffiziellen Regeln erwartet man hier von Ihnen eine Einhaltung von der ersten Minute an. Schließlich sind die Regeln ja offiziell oder können erfragt werden – und nach Meinung der Kollegen sind diese Regeln für einen Neuling leicht zu berücksichtigen. So zum Beispiel:

Erfragen Sie die offiziellen Regeln

- ❑ Wann beginnt und endet der Arbeitstag? Insbesondere in der ersten Zeit werden Sie kaum um Überstunden herumkommen. Sie brauchen einfach noch mehr Zeit, um die Arbeit zu bewältigen, da Ihnen Routine und Erfahrung fehlen.
- ❑ Wie oft, wie lange und wo darf eine Pause gemacht werden? Sollten Sie sich mit Kollegen abwechseln oder wird gemeinsam Pause gemacht?
- ❑ Wie geht man mit Ausfällen beziehungsweise Krankheiten um? Wer übernimmt Vertretungen?
- ❑ Sind private Telefonate oder E-Mails erlaubt? Tipp: Wenn das grundsätzlich erlaubt ist, dürfen Sie dennoch nur in den offiziellen Pausen im Internet surfen oder private E-Mails schreiben. Achten Sie darauf, dass Sie nur selten private Telefonate am Arbeitsplatz erhalten. Zum einen gehen Sie unter Umständen nicht immer selbst ans Telefon, sodass Sie private Anrufe kaum verbergen können. Zum anderen macht es Sie leicht zur Zielscheibe des Spotts, wenn Sie regelmäßig von Ihren Lieben nach dem Befinden gefragt werden. Gleiches gilt natürlich für private Anrufe, die Sie tätigen.
- ❑ Was ist an Geburtstagen üblich? Wird ein Umtrunk oder gar ein Geschenk organisiert?
- ❑ Ist es üblich, seinen Einstand zu geben? In den meisten Unternehmen ist das tatsächlich noch üblich. Backen Sie einen Kuchen oder bringen Sie Eis mit ins Büro. Fragen Sie danach, was gern gesehen ist. Schon eine Flasche Sekt könnte gegen eine offizielle „Antialkohol-Regel“ verstoßen.

Tipp

Offizielle Regeln können erfragt werden – fragt sich nur, wo und bei wem. Es erscheint meist leichter, zunächst einmal die Kollegen nach den wichtigsten Regeln zu fragen. Das mag in Bezug auf Einstand und Kaffeepausen zutreffend sein. Andere Fragen sind jedoch unbedingt zuerst an den Vorgesetzten zu richten: Beispielsweise wenn es um Vertretungen im Krankheitsfall und Arbeitszeiten geht. Nur dann können Sie sicher sein, zu den wirklich wichtigen Dingen eine richtige Information zu bekommen. Achten Sie also darauf, niemanden zu übergehen – insbesondere beim Vorgesetzten kommt das schlecht an.

Die ungeschriebenen Sitten am neuen Arbeitsplatz

Abteilungsspezifische Verhaltensmuster und Regeln

Wer neu in eine Abteilung kommt, trifft auf ein Umfeld, das schon längst eigene Spielregeln festgelegt hat. Die Kollegen teilen untereinander eine eigene Geschichte, haben bestimmte Verhaltensmuster etabliert und erwarten nun vom Einsteiger, dass er sich ihren Gewohnheiten anpasst. Hinter den abteilungsspezifischen Regeln stehen bestimmte Erfahrungen der Vergangenheit, welche die Beteiligten verbinden oder distanzieren. So hat womöglich die eine Kollegin der anderen das schöne Eckbüro abgeluchst, der Abteilungsleiter wurde eigentlich nur dank seiner fähigen Sekretärin befördert und der nächste Kollege boykottiert grundsätzlich alle neuen Vorschläge. Alle wissen um die Ecken und Kanten, Erfolge und Misserfolge, Talente und Bildungslücken der Kollegen und Vorgesetzten Bescheid – nur die Neue noch nicht. So passiert es ihr nicht selten, dass sie sich ahnungslos mit den „falschen" Kollegen verbrüdert und plötzlich unverhofft zur Außenseiterin wird. So ganz leicht bringt sie dieses „inoffizielle" Wissen auch nicht in Erfahrung. Denn inoffizielle Regeln können nicht einfach erfragt werden nach dem Motto: „Warum ist Herr Schmidt denn so empfindlich, wenn es um Frau Maier geht?" Inoffizielle Regeln

können Sie nur durch eigene Beobachtung und Rückschlüsse herausbekommen.
Nicht selten wird eine Einsteigerin von den neuen Kollegen erst einmal zurechtgestutzt. Das ist noch lange kein Grund, die Segel zu streichen oder unsicher zu werden. Der Ex-Vorstand der Deutschen Bank, Eckart van Hooven, drückte das einst folgendermaßen aus: „Wer als Einsteiger im Vollbesitz seiner geistigen Überzeugungen in die Runde platzt, um seine Ideen mitzuteilen, über die er lange nachgedacht hat, wird natürlich erleben, dass die Kollegen, die noch gar nicht darüber nachgedacht haben, ihm gründlich klarmachen, warum er danebenliegt. Das ist kein böser Wille, sondern ein Erziehungsvorgang."

Tipp

Fragen Sie Ihren Vorgesetzten, ob Ihnen ein Mentor an die Seite gestellt werden kann. Darunter versteht man eine Person, die Ihnen als Ansprechpartner bei fachlichen Fragen dient. Ein Mentor begleitet Sie durch die ersten Tage und Wochen im neuen Unternehmen. Wird Ihnen nicht automatisch ein Mentor zur Seite gestellt, können Sie einen Kollegen oder Vorgesetzten gezielt ansprechen und fragen, ob er/sie für eine begrenzte Zeit Ihr Mentor sein möchte. Halten Sie Ausschau nach jemandem, der schon einige Jahre im Unternehmen tätig ist und die Spielregeln kennt. Außerdem sollte Ihr Mentor eine anerkannt integre Persönlichkeit sein: Bringen Sie also erst einmal in Erfahrung, ob womöglich kuriose Gerüchte über den Vielleicht-Mentor kursieren und welchen Ruf er/sie im Unternehmen hat. Keinesfalls dürfen Sie sich an einen Außenseiter im Unternehmen wenden. Dieser würde Sie zwar sicher gern ebenfalls ins Abseits ziehen, um dort in Zukunft nicht mehr so allein auf weiter Flur zu stehen – das liegt aber keinesfalls in Ihrem Interesse.

Auch über die ersten 100 Tage im neuen Job hinaus bieten einige Unternehmen Mentoring-Programme an. Dann bezweckt Mentoring insbesondere eine Förderung außerhalb des üblichen Vorgesetzten-Untergegebenen-Verhältnisses. Mentees ...

Mentoring hat viele Vorteile für beide Seiten

- können so die eigenen Fähigkeiten besser kennen und einschätzen lernen,
- erhalten praktische Unterstützung bei ihren Aufgaben,
- können ihre Tätigkeit effizienter gestalten,
- bekommen Einblicke in die Strukturen des Unternehmens,
- knüpfen wichtige Kontakte,
- entwickeln Mut zur eigenen Karriere und deren Umsetzung und
- werden in Netzwerke eingebunden.

Mentoring-Projekte dienen übrigens häufig dazu, Frauen eine Alternative zu den Seilschaften in patriarchalisch organisierten Unternehmen zu bieten, ihnen auf diese Weise einen Zugang zu höheren Positionen zu erleichtern und an das Unternehmen zu binden. Das kann Ihnen nur Recht sein!
Auch wenn auf den ersten Blick vor allem die Mentees von der Förderung profitieren, sind die Vorteile für Mentoren nicht zu unterschätzen. Im Idealfall handelt es sich um ein gegenseitiges Geben und Nehmen. Sie brauchen daher nicht das Gefühl haben, dem anderen zur Last zu fallen. Schließlich haben Sie ja nicht vor, im Büro des Mentors zu campieren oder eine Telefonstandleitung dorthin zu verlegen. Mentoren haben die Chance ...

- frische Ideen und Impulse vom Neuling zu erhalten,
- qualifizierten Nachwuchs für das Unternehmen aufzubauen,
- soziale und kommunikative Kompetenzen einzusetzen und
- einen unverblümten Blick auf das eigene Arbeitsverhalten zu bekommen.

Dank eines Mentors können Sie einen guten Einblick in die ungeschriebenen Gesetze am Arbeitsplatz bekommen. Einige der Regeln werden Ihrer Persönlichkeit entsprechen, andere nicht. Dennoch wird Ihr neues Umfeld von Ihnen erwarten, dass Sie alle Regeln respektieren und einhalten – das gilt natürlich nur, solange diese nicht illegal sind. Zwar wird eine andere Vorgehensweise in Einzelfällen im Hinblick auf die unterschiedlichen Persönlichkeiten akzeptiert. Das bedeutet jedoch noch lange nicht, dass die Regelwerke stetig von Ihnen umgangen werden dürfen. Denn bedenken Sie: Ihr neues Umfeld hat diese Gewohnheiten entwickelt und schöpft daraus ein starkes Gemeinschaftsgefühl.

Teammitglied statt Außenseiter werden

Wenn Sie den neuen Kollegen regelmäßig das Gefühl geben, dass Sie die ungeschriebenen Gesetzte für sinnlos halten, und diese daher nicht berücksichtigen, wird Ihnen alsbald nur wenig Gegenliebe entgegengebracht werden. Unter Umständen hat es die Kollegen einst viel Überzeugungskraft gekostet, den Vorgesetzten beispielsweise für ein gemeinsames Mittagessen pro Woche zu gewinnen. Ihrer Meinung nach ist das gut für den Zusammenhalt und gibt die Möglichkeit, mit dem Chef zwanglos ins Gespräch zu kommen – wie alle wissen, ist Smalltalk ja auch ein wichtiger Karrierefaktor.

Stoßen Sie sich nicht selbst aus der Gemeinschaft aus!

Wenn Sie sich nicht an diesen Mittagessen beteiligen, geben Sie den Kollegen das Gefühl, dass Sie nicht dazugehören (wollen). Warum Sie nicht teilnehmen, ist völlig irrelevant. Selbst wenn Sie einen guten Grund haben, zum Beispiel weil Sie eine besondere Diät einhalten und daher nie mittags essen, stoßen Sie sich aus der Gemeinschaft aus, wenn Sie sich nicht an diesen Treffen beteiligen. Ihre Kollegen bekommen das Gefühl, dass Sie nicht „eine von ihnen“ sind, und werden Sie daher in Zukunft auch in anderen Bereichen nicht ins Vertrauen ziehen.

Kommen solche „Auszeiten“ wiederholt vor, werden Sie im Handumdrehen zum Außenseiter Ihrer Abteilung. Selbst wenn Sie tolle fachliche Leistungen erbringen, macht das die persönlichen Defizite im Verhältnis zu den Kollegen nicht wett. Halten Sie sich folglich regelmäßig vor Augen, dass fachliche Leistungen und persönliche Kontakte miteinander korrespondieren müssen, damit Sie vom neuen Umfeld akzeptiert werden.

Vorsicht vor falschen Freunden

Hüten Sie sich vor der falschen Clique!

Zum Außenseiter wird frau allerdings auch dann, wenn sie sich aus Versehen der falschen Clique anschließt. Das ist natürlich ein schwieriges Unterfangen: Wie soll frau einen unklugen Zusammenschluss vermeiden, wenn sie die neuen Kollegen noch gar nicht richtig einordnen kann? Zwar macht sie dann im Hinblick auf oben genannte „Nicht-Außenseiter“-Regel alles richtig und geht brav mit der neuen Clique zum Mittagessen. Doch leider handelt es sich dabei um die gänzlich falsche Gruppe. Denn in jedem Unternehmen gibt es gute und schlechte Leute, Nörgler und Optimisten, Bedenkenträger und Problemlöser.
Achten Sie genau darauf, wem Sie sich anschließen und zu wem Sie Kontakt halten. Aus diesen Kreisen ziehen Sie entsprechende Informationen, und je besser Ihr Umfeld, umso besser auch Ihre Startoptionen im neuen Unternehmen. Beobachten Sie daher genau, wer sich mit wem gut versteht, wer häufig mit dem Chef einen Plausch hält oder wessen Meinung besonders gefragt ist. Auf diese Art und Weise erkennen Sie, wer Opinion-Leader und wer nur hoffnungsloser Fall ist. Denken Sie daran, dass Ihre Kontakte auf Sie abfärben: Sei es, indem man das Sprichwort „Gleich und Gleich gesellt sich gern“ anwendet, oder indem die entsprechenden Beziehungen sich auf Ihre Arbeitsmoral und Motivation auswirken. Erst wenn Sie einen groben Überblick über die Beziehungsstrukturen haben, sollten Sie sich einer Gruppe dauerhaft anschließen. Bis dahin gehen Sie mit unterschiedlichen Leuten zum Mittagessen und schauen über den Tellerrand auch in andere Abteilungen – schließlich leben Sie ja nicht allein auf der Welt beziehungsweise im Unternehmen.

Unter Neuen sitzen Sie immer in der Falle

Meiden Sie die Neuen-Clique!

Wenn mit Ihnen gemeinsam andere Neulinge in das Unternehmen oder in die Abteilung eingestiegen sind, so verbindet dieses „Neusein" natürlich ungemein. Schnell neigt frau dazu, sich mit den Gleichgesinnten zu verbrüdern, um dann gemeinsam das neue Terrain zu erkunden. Klar, auf den ersten Blick scheint es angenehm, sich mit Seelenverwandten auszutauschen. Auf den zweiten Blick allerdings wird deutlich, dass eine Neuen-Clique Ihnen keine Einblicke in offizielle und inoffizielle Regeln verschaffen kann. Denn die anderen Neuen wissen genauso wenig wie Sie, was im Unternehmen üblich ist. Als wäre das nicht schon schlimm genug, treibt Sie dann die Neuen-Clique auch noch zielsicher in die Isolation: Denn es erscheint zunächst nicht notwendig, selbstständig auf die alteingesessenen Kollegen zuzugehen. Dank der Gruppe sind Sie ja nicht allein und können sich zumindest bis zu einem gewissen Grad untereinander behilflich sein und austauschen. Folglich werden Sie weitaus weniger Kontakte nach außen knüpfen, als wenn Sie nach dem Motto „Selbst ist die Frau" verfahren und eigenständig auf andere zugehen. Meiden Sie also reine Neuen-Cliquen und suchen Sie stattdessen aktiv Kontakt zu den anderen Kollegen.

Fachwissen lässt Sie nicht immer glänzen

Außer Frage steht, dass Sie eine Menge Fachwissen haben, das Sie nun endlich im Unternehmen einbringen wollen und sollen. Doch mit einem Vorgehen à la „Volle Kraft voraus" werden Sie keine neuen Freundschaften schließen. Insbesondere an den ersten Tagen ist Zurückhaltung ein guter Wegweiser. Das bedeutet nicht, dass Sie keine guten Ideen einbringen dürfen. Es kommt eben nur darauf an, wie Sie diese den anderen nahebringen.

STOP Kürzlich berichtete eine Seminarteilnehmerin von ihren Erfahrungen mit den ersten Tagen im neuen Job. Während ihrer Einarbeitungsphase in einer Entwicklungsabteilung eines größeren Automobilunternehmens kam sie auf eine (im wahrsten Sinne des Wortes) zündende Idee. So gab sie ihrem Kollegen zu verstehen, dass ein bestimmter Prozess sicher vereinfacht werden könnte, so etwas hätte man ja hinlänglich im Studium gelernt. Als daraufhin keine Antwort kam, fragte sie den Kollegen, was er denn eigentlich studiert hätte. Der Kollege war gelernter KFZ-Meister und aufgrund seiner sonstigen Qualifikation in der Abteilung ...

Dass die beiden Kollegen dank dieser unbedachten Äußerung eine schwierige gemeinsame Startphase hatten, liegt auf der Hand. Die Gründe dafür sind vielfältig:
Zum einen war die Neue mit ihren Verbesserungsvorschlägen ein wenig voreilig. Es ist unwahrscheinlich, dass sie einen komplexen praktischen Prozess plötzlich dank des akademischen Wissens auf den Kopf stellen kann. Und selbst wenn zumindest Verbesserungspotenzial besteht, so tut ein Neuling gut dran, das bestehende Werk zu würdigen. Denn die alteingesessenen Kollegen haben in der Vergangenheit gute Leistungen gezeigt und das Unternehmen dorthin geführt, wo es heute steht. Noch dazu verfügen die bestehenden Mitarbeiter über praktisches Erfahrungswissen, von dem ein frischgebackener Absolvent profitieren kann – sofern er sich dafür interessiert.

Werfen Sie nicht mit Ihrem Wissen um sich!

Zum anderen hat die Neue unfreiwillig eine Kluft zwischen sich und dem Kollegen aufgebaut. Sie hat vorausgesetzt, dass dieser über das gleiche Wissen verfügt, und hat womöglich sogar mit akademischen Fachbegriffen um sich geworfen. Das ist eine Verhaltensweise, die nicht selten typisch bei Neulingen ist. Paradoxerweise denken die meisten Einsteiger, dass sie erst dann überzeugend wirken, wenn sie mit besonders komplizierten Begrifflichkeiten hantieren oder viele Fremdwörter einfließen lassen. Doch statt

Eindruck zu schinden, wird der Neuling im Handumdrehen von den Kollegen als besserwisserisch oder sogar als Angeber abgestempelt. Das gilt natürlich erst recht, wenn ein unterschiedlicher Bildungshintergrund vorliegt.

Tabu sind dementsprechend auch Aussagen wie: „Das war in meiner alten Firma aber besser geregelt." Denn selbst wenn in der alten Firma manches besser erschien, haben Sie den Arbeitsplatz gewechselt und befinden sich jetzt in einem neuen, anderen Umfeld. Auch hier gibt es gute und schlechte Seiten. Sie haben nun die Möglichkeit, die schlechten Seiten zu optimieren und die guten Seiten noch ein bisschen besser zu machen.

Neue Anregungen und Ideen sollen von Ihnen also eingebracht werden – aber bitte mit Fingerspitzengefühl. Dieses Taktgefühl kann frau zeigen, indem sie keine definitiven Aussagen trifft („Das kann man doch leichter haben."), sondern Fragen stellt („Könnte man in diesem Fall auch mit der XY-Methode an die Problemlösung herangehen?"). Auf diese Art und Weise laufen Sie auch nicht Gefahr, sich zu blamieren, wenn Sie mit Ihrem Vorschlag einmal danebenliegen. Denn Fragen sind deutlich unverfänglicher und bringen Sie weniger in eine Rechtfertigungssituation, als das eine konkrete Aussage tun könnte.

Schwimmen Sie mit oder gegen den Strom?

Das Spannungsfeld zwischen Angepasstheit und Individualität

Für Job-Einsteiger erweist sich das Spannungsfeld zwischen Angepasstheit und Individualität meist als schwieriges Terrain. Zum einen sollen Sie sich der Gruppe anpassen und nach ihren Spielregeln verfahren. Zum anderen haben Sie bei Einstellungsgesprächen Ihrem Vorgesetzten versichert, dass Sie eine Bereicherung für das bestehende Team sind und neue Impulse einbringen werden. Doch wie vertragen sich nun neue Impulse mit höflicher Zurückhaltung? Glücklicherweise besser, als frau anfänglich denken könnte. Dies wird vor allen Dingen ersichtlich, wenn man eine bestimmte Zeitspanne in diese Betrachtungen einbezieht. In den ersten Tagen als Neueinsteigerin ist es nicht nur normal, sondern gern gesehen, wenn Sie zunächst beobachten und sich einen Überblick verschaffen. Jeder weiß, dass Sie eine Menge neuer Eindrücke zu verarbeiten haben, und Ihre Zurückhaltung gilt als Zeichen sozialer Kompetenz. Denn würden Sie vom Fleck weg lospoltern, die neuen Kollegen erschrecken oder deren Abneigung wecken, hätten Sie es später umso schwerer, Ihre innovativen Ideen durchzusetzen. Nicht von ungefähr wird die Probezeit auch als Schonfrist bezeichnet, in der Sie sich orientieren dürfen.

So nicht – oder zumindest nicht mit Ihnen!

Von der Zurückhaltung zu unterscheiden ist Schüchternheit oder das Angebot an andere, sich ausnutzen zu lassen. Unter Schüchternheit versteht man die Scheu, soziale Kontakte mit anderen zu knüpfen. Ich hoffe, bis zu dieser Stelle des Buches ist deutlich geworden, dass soziale Kontakte das A und O im täglichen Umgang miteinander sind. Soziale Kontakte sind wichtig für Ihren gelungenen Einstieg und Aufstieg im neuen Unternehmen. Zurückhaltung hat dagegen vielmehr mit Selbstbeherrschung und der Fähigkeit zu tun, eigenes Wissen zur späteren Benutzung zurückzuhalten oder dezent einfließen zu lassen.

Lassen Sie sich nicht zum Trottel vom Dienst machen!

Auch ist die Zurückhaltung natürlich kein Angebot an andere, sich ausnutzen zu lassen. Zwar ist es angebracht, sich nach den Gepflogenheiten im täglichen Miteinander zu erkundigen und beispielsweise in Erfahrung zu bringen, wer wann für das Kaffeekochen zuständig ist. Das bedeutet aber noch lange nicht, dass Sie für die Kollegen unliebsame Tätigkeiten übernehmen müssen, die diese Ihnen aus purer Unlust übertragen. Wenn Sie täglich für die anderen Kaffee und Brötchen holen oder den fremd verursachten Papierstau des Kopierers beheben, laufen Sie Gefahr, von den anderen als der nützliche Trottel vom Dienst abgestempelt zu werden.

Mit jedem Tag wird es schwieriger, aus dieser Rolle auszusteigen. Einfacher wäre es daher, erst gar nicht in diese Verhaltensweise zu verfallen. Die Fähigkeit, auch einmal „Nein“ zu sagen, kann da

nützliche Dienste erweisen. „Nein" zu sagen ist aber gar nicht so einfach. Vor allen Dingen deshalb, weil frau niemanden vor den Kopf stoßen möchte. Das Paradoxe dabei ist, dass frau sich im Moment zwar erleichtert fühlt, wenn sie „Ja" zu etwas sagt, das Ganze im Nachhinein aber bald bereut.
Nein zu sagen muss nicht einer harschen Zurückweisung gleichkommen. Es gibt auch nette Möglichkeiten, eine Absage zu formulieren. So zum Beispiel:

So sagen Sie gekonnt „Nein!"

- *Geben Sie mir etwas Bedenkzeit.*
  Oder noch genauer: „Lassen Sie mich darüber nachdenken. Ich rufe Sie in einer Stunde zurück." Rufen Sie nach genau einer Stunde an (nicht vergessen!) und sagen Sie höflich und klar „Nein." Die Bedenkzeit und der zuverlässige Rückruf machen das „Nein" wohlüberlegt und weniger hart.
- *Das ist ein interessantes Angebot.*
  Zunächst würdigen Sie das Anliegen des anderen mit Anerkennung: „Das ist ein interessantes Angebot/eine interessante Idee." Machen Sie dann deutlich, dass Ihre Kräfte zurzeit anderweitig stark gebunden sind und Sie deshalb zu diesem interessanten Angebot „Nein" sagen müssen. Erklären Sie aber nicht, was „das andere" ist und warum Sie sich lieber darum kümmern möchten. Erfahrungsgemäß findet die Person „ihr" Projekt meist wichtiger und könnte Sie zum Mitmachen überreden wollen.
- *Ich schätze Sie sehr.*
  Wendet sich jemand mit einer Bitte oder Anfrage an Sie, so loben Sie zunächst Ihr Gegenüber. Die Absage lautet dann: „Ich würde sehr gern zusagen, weil ich mir die Zusammenarbeit sehr gut vorstellen kann. Aber leider ..."
- *So etwas tue ich prinzipiell nicht.*
  Erstaunlicherweise stecken Menschen eine Absage besser weg, wenn ihnen bewusst ist, dass der andere etwas grundsätzlich nicht tut. Beispiel: „Ich kaufe niemals etwas an der Tür."

- *Das tut mir leid für Sie!*
  Das Nein getarnt als „Das tut mir leid für Sie“, verbunden mit der Aussage „Ich hoffe, Sie finden bald eine Lösung“, ist ein willkommener Ausweg bei indirekten Anfragen.
- *Das passt mir im Augenblick leider nicht.*
  Dabei handelt es sich um eine Worthülse, die eigentlich nur verschiebt. Dennoch stellt sie so manchen Fragesteller zufrieden und er lässt seine Bitte fallen. Das gilt insbesondere, wenn die Sache schnell erledigt werden sollte.
- *Ähm ... nein.*
  Sie sagen, was Sie denken: „Nein.“ Die kleine Bedenkpause davor signalisiert, dass Sie wirklich über die Anfrage nachgedacht haben, sie aber nicht annehmen können. Das „Nein“ sollten Sie allerdings mit fester Stimme und sicherem Blick sagen. Dadurch wird Ihrem Gesprächspartner klar, dass es sinnlos ist, einen neuen Versuch zu starten, Sie zu überreden.

Wann Kollegen kein gutes Vorbild sind

Zu guter Letzt gibt es einen Punkt, in dem Sie sich niemals den Kollegen anpassen sollten, und zwar dann, wenn es um schlechte Gewohnheiten geht. Schlechte Gewohnheiten haben viele Gesichter, so zum Beispiel:

- Unpünktlichkeit
  Selbst wenn Ihre Kollegen notorisch fünf Minuten zu spät zu den Besprechungen erscheinen, müssen und sollen Sie das nicht auch tun.
- Klatsch und Tratsch
  Auch wenn die neue Freundin des Vorgesetzten viel Raum für Spekulationen lässt, müssen und sollen Sie sich an dieser Tratscherei nicht beteiligen. Es gilt die Devise: Ohren auf und Mund zu.
- Schlecht über den Job oder die Firma reden
  Sie werden nicht lange darauf warten müssen, um zu erfahren,

dass nach Meinung der Kollegen im Unternehmen nicht alles rosarot ist. Sie sind nicht so naiv, dass Sie von vornherein geglaubt hätten, auf keinerlei Wermutstropfen zu stoßen. Gerade deshalb wissen Sie, dass Sie das Gerede über die „schlechten Seiten" nicht weiterbringt – im Gegenteil. Beteiligen Sie sich also nicht an Schimpftaraden auf das Unternehmen oder die Situation und erst recht nicht an hemmungsloser Kritik am Chef.

- ❑ Sich nicht an die offiziellen Regeln halten
  Wenn die Kollegen private E-Mails während der Arbeitszeit versenden oder am laufenden Band private Telefonate führen, obwohl die offiziellen Regeln das nicht gestatten, schließen Sie sich diesen Gepflogenheiten besser nicht an. Offizielle Regeln sind Gesetzmäßigkeiten, die von Ihnen eingehalten werden müssen – und zwar unabhängig davon, was die anderen tun.

Zu guter Letzt

Du oder Sie?

Zu den inoffiziellen Umgangsregeln gehört übrigens auch der Umgang mit „Sie" oder „Du". Ob man sich duzt oder siezt ist eine Frage des Firmenstils und der Branche. In den Medien, der Werbung und der Computerbranche gehört das „Du" eher zur Praxis als bei Banken, Versicherungen und großen Kanzleien. Die Möbelhauskette Ikea oder die Modekette Hennes und Mauritz sind bekannte Beispiele, bei denen das „Du" auf allen Ebenen angesagt ist. Die Unternehmen sehen die einheitliche Anrede als geeignetes Mittel, Hierarchien abzubauen, Vertrauen aufzubauen und neue Kollegen schnell zu integrieren. Die Botschaft dahinter ist: Ob jung oder alt, ob Einsteiger oder Betriebsveteran, jeder gehört dazu. Machen Sie sich also mit dem Gedanken vertraut, dass man Sie am ersten Arbeitstag nicht mit „Willkommen, Frau Braun", sondern mit „Hallo, Monika, schön dass du da bist" empfangen könnte.

Ein neues Aufgabengebiet erschließen

Ob du denkst, du kannst es, oder du kannst es nicht:
Du wirst auf jeden Fall recht behalten.
Henry Ford (1863-1947), amerikanischer Großindustrieller

Die ersten Tage im neuen Job werden oft so empfunden, als würde frau versuchen, das Chaos in den Griff zu bekommen. Neue Aufgaben, neue Umgebung und jede Menge Erwartungsdruck führen dazu, dass frau innerhalb kürzester Zeit am liebsten den Kopf in den Sand stecken würde. Selbst wenn es an der fachlichen Qualifikation keine Zweifel gibt, gleichen die ersten Arbeitstage regelmäßig dem Untergang der Titanic. Doch im Gegensatz zur Titanic wird Ihre Geschichte ganz sicher ein glückliches Ende nehmen. Es ist vollkommen normal, dass es anfänglich alles andere als leicht ist, die neuen Aufgaben in den Griff zu bekommen. Die passende Strategie ist Ihnen jedoch dabei behilflich.

Erstaunlicherweise sind die meisten Einsteigerinnen davon überzeugt, dass in erster Linie ihr Fachwissen darüber entscheidet, ob sie am neuen Arbeitsplatz erfolgreich sein werden oder nicht. Natürlich ist das ein wichtiger Punkt. Es ist aber nicht das einzige Element, das den erfolgreichen Jobeinstieg garantiert. Denn neben der fachlichen Qualifikation zählen immer auch persönliche Kompetenzen. Entscheidend ist also neben dem Fachwissen, ob Sie über die entsprechenden Schlüsselqualifikationen verfügen und „gut mit anderen Menschen können".

Wird den persönlichen Kompetenzen zu wenig Bedeutung beigemessen, fühlen sich Neueinsteigerinnen auch nach Wochen in der neuen Umgebung noch nicht richtig willkommen, haben keinen Draht zu den neuen Kollegen und beschäftigen sich alsbald schon wieder mit Wechselgedanken. Der Grund hierfür ist, dass die persönliche Beziehung zugunsten des Fachwissens auf der Strecke geblieben ist. Zwar wurde die Zeit genutzt, um sich bravourös einzuarbeiten – das persönliche Umfeld blieb aber fatalerweise unbeachtet.

Dabei ist es eigentlich nicht sonderlich schwer, persönliche Beziehungen aufzubauen und entsprechende Kontakte zu knüpfen. Das Versäumnis hat daher weitaus weniger mit Unvermögen, als vielmehr mit Unüberlegtheit zu tun. Achten Sie also darauf, nicht nur fleißig und still in Ihrem Kämmerlein vor sich hinzuarbeiten, sondern seien Sie sich darüber bewusst, dass der Weg nach oben über Beziehungen führt. Das hat rein gar nichts mit dem berühmten Vitamin B zu tun, das trotz fachlichem Unvermögen befördern können soll, sondern ist vielmehr gesundes und menschliches Verhalten. Um Karriere machen zu können, müssen Sie in fachlicher und persönlicher Hinsicht dazugehören.

Ihr Ziel muss sein, so rasch wie möglich ein vollwertiges Mitglied des Teams zu werden. Dazu gehört auch die vollständige Erschließung Ihres neuen Aufgabegebietes. Umso seltener werden Sie dann die Unterstützung der Kollegen benötigen und umso früher können Sie sich einen guten Ruf erarbeiten.

Neues Spiel, neues Glück

Keine Panik!

In fachlicher Hinsicht ist die Einarbeitung unter anderem deshalb schwierig, weil einem Neuling oft das richtige Zeitgefühl fehlt. So wissen Sie bei den neuen Aufgaben noch nicht, wie viel Zeit diese jeweils in Anspruch nehmen werden. Und wenn Sie es wüssten, wäre das unter Umständen nicht viel besser. Denn dann würde sich in Ihnen vermutlich langsam, aber sicher Panik breitmachen, weil Sie zu Anfang sehr viel länger für die Erledigung benötigen werden. Kein Wunder, jede Aufgabe und jeder damit einhergehende Handgriff ist Ihnen noch unbekannt. In der Folge erleben Sie innerhalb kurzer Zeit das Titanic-Gefühl, in Arbeitspaketen zu ertrinken – und das ohne Rettungsring und Schwimmweste.

Zumindest einen gedanklichen Rettungsring gibt es: dass dieses Gefühl völlig normal ist. Bedenklich wäre das Gegenteil: Wenn Ihnen die neuen Aufgaben innerhalb kürzester Zeit superleicht von der Hand gehen, gibt es dafür zwei ungute Gründe. Der erste Grund könnte sein, dass Sie schlicht und einfach unterfordert sind. Dann wird Ihnen langfristig reichlich langweilig auf Ihrem Stuhl werden. Der zweite Grund könnte sein, dass Sie die wirklichen Aufgaben noch gar nicht entdeckt und bislang nur fleißig an der Oberfläche gerührt haben. Das wäre auch nicht viel besser.

Ist-Zeit

Seien Sie tapfer und finden Sie zunächst heraus, wie viel Zeit für Ihre Aufgaben vorgesehen ist. Dies ist insbesondere dann wichtig, wenn Ihr Arbeitspaket zwischen „fremden" Arbeitspaketen angesiedelt ist. Dann nämlich sind die nachfolgenden Kollegen abhängig von der Geschwindigkeit Ihrer Arbeitsabläufe. Erst wenn Sie Ihren Teil geleistet haben, können die anderen weiterarbeiten. In der Folge vergleichen Sie die von Ihnen benötigte „Ist-Zeit" zur Arbeitsbewältigung mit der idealen „Soll-Zeit".

Soll-Zeit

Wundern Sie sich nicht, wenn die „Ist-Zeit" anfangs ungefähr doppelt so lang ist wie die „Soll-Zeit". Das hängt damit zusammen, dass Ihnen neben dem Inhalt der Aufgabe weitere Nebeninformationen noch nicht geläufig sind: So müssen Sie beispielsweise im Intranet die richtigen Formulare oder im Verteiler die E-Mail-Adressen der zuständigen Kollegen erst suchen und finden. Alles Randerscheinungen, die mit der eigentlichen Aufgabe noch gar nichts zu tun haben, aber dennoch erledigt werden müssen.

„Pulver-Zeit"

Wichtig ist, dass Sie Ihr Arbeitsverhalten bewusst reflektieren. Das bedeutet auch, dass Sie sich anfangs ganz bewusst eine „Pulver-Zeit" zugestehen. Die „Pulver-Zeit" ist der zeitliche Unterschied zwischen Ihrer benötigten „Ist-Zeit" und der angepeilten „Soll-Zeit". Diese Zeitspanne steht Ihnen zum Verpulvern zur Verfügung, um zu lernen und um in die neue Aufgabe hineinzuwachsen. Langsam, aber sicher sollten Sie dann in der Lage sein, die „Pulver-Zeit" zu reduzieren und die Geschwindigkeit Ihrer Arbeitsabläufe zu erhöhen. Seien Sie stolz darauf, wenn Sie immer weniger Zeit benötigen und dennoch sorgfältig arbeiten. Genau daran sollten

Sie Ihren Fortschritt messen. Demotivierend und entmutigend ist dagegen eine Sichtweise, in der Sie sich selbst dafür schelten, noch immer nicht in der „Soll-Zeit" zu liegen.
Gerade in der Anfangszeit passiert es häufig, dass frau sich am Ende des Arbeitstages völlig erschöpft und kaputt fühlt. Das wäre nicht weiter dramatisch, solange es sich um eine zufriedene Müdigkeit handeln würde. Doch genau das ist zu Beginn meist nicht der Fall. Es herrscht das Gefühl vor, zwar viel Zeit vertan, aber nicht wirkliche Ergebnisse hervorgebracht zu haben. Zufriedenheit sieht anders aus. Dennoch ist auch dieses Gefühl vollkommen normal. Es *ist* anstrengend, mit neuen Leuten zusammen zu sein.
Diese Erfahrung kennen Sie sicher auch aus dem Privatleben: Ist frau auf einer Einladung bei „alten" Freunden eingeladen, wird es ein entspannter, heiterer und erholsamer Abend. Und zwar ganz ohne dass man nach den passenden Gesprächsthemen suchen müsste oder einem der Rücken weh tut, weil man schon stundenlang brav und gerade auf einem unbequemen Stuhl sitzt. Sie haben bei den Freunden längst die gemeinsamen Interessen erkundet und es fällt Ihnen leicht, miteinander umzugehen. Anders sieht es aus, wenn Sie bei weitgehend fremden Menschen eingeladen sind. Zum Beispiel weil Sie Ihren Partner auf ein Betriebsfest begleiten oder gerade neu in eine Stadt gezogen sind und dort nun erste Kontakte knüpfen. Sehr viel schneller ermüdet uns ein Abend unter Fremden, als das ein Zusammentreffen mit Bekannten je tun würde.
Kein Wunder, denn Sie haben dort mächtig viele Gegebenheiten zu berücksichtigen: So sollen Sie sich neue Gesichter, Namen, Verbindungen merken, zugleich die Interessen der anderen erkunden und Ihr eigenes Verhalten dem Umfeld anpasssen. Während Sie allerdings bei der Einladung unter Fremden rechtzeitig den Heimweg antreten und sich am Folgetag erholen können, sind Sie im neuen Job weitaus länger gebunden. Es ist also erlaubt, von den neuen Eindrücken und Anstrengungen erschöpft zu sein – auch ohne mit den Arbeitsergebnissen vollauf zufrieden zu sein. Das kommt erst später, ganz bestimmt.

Werfen Sie nicht die Flinte ins Korn!

Gerade wenn Sie in Versuchung sind, die Flinte ins Korn zu werfen, sollten Sie sich daran erinnern, dass nach der Dunkelheit der Sonnenschein auf Sie warten wird. Die Autorin Lora O`Connor hat dieses Phänomen einst folgendermaßen formuliert: „Zwischen Anstrengung und Lohn liegt immer eine zeitliche Verzögerung." Seien Sie also geduldig und vor allem nicht zu streng mit sich selbst. Und wenn Sie das immer noch nicht überzeugt, dann fragen Sie sich, warum Sie den neuen Job einst angenommen haben. Die meisten Bewerber machen einen Luftsprung, wenn sie von ihrem Treffer erfahren. Welches auch immer die Gründe für Ihren Wunsch waren, diesen Job zu bekommen: In den meisten Fällen sind diese auch noch vorhanden, wenn Sie ihn angetreten haben. Also erinnern Sie sich an Ihre Motivation von damals: Ob Geld, Anerkennung oder innere Zufriedenheit – Sie wissen am besten, warum Sie die neue Herausforderung angenommen haben und darin Ihren „Mann" stehen wollen.

Stellen Sie Fragen

Nicht umsonst sind viele Frage-Berufe – wie der des Arztes, des Juristen oder des Uni-Professors – nach wie vor sehr angesehen. Gerade in diesen Berufen ist es wichtig, die richtigen Fragen zu stellen und dadurch umfassende Antworten zu bekommen. Generell hilft eine gute Fragetechnik beruflich und privat, schwierige Situationen zu meistern. Das Wissen um die Fragetechniken können Sie also nicht nur in den ersten Tagen im neuen Job gebrauchen, sondern auch darüber hinaus.

Wenn Sie von Ihrem Vorgänger in die neuen Aufgaben eingearbeitet werden, so ist er ein hilfreicher Ansprechpartner für alle Fragen rund um den neuen Job. Andernfalls brauchen Sie eine andere Person in Ihrer Umgebung, die Ihre Fragen beantworten kann und sich in diesem Fachgebiet auskennt.

Stellen Sie gezielt Fragen!

Viele Einsteiger scheuen sich davor, Fragen zu stellen. Die dahinterstehende Befürchtung lautet, dass die vielen Fragen den anderen auf die Nerven gehen oder frau womöglich als unwissend und schwer von Begriff dastehen könnte. Es ist zwar unzweifelhaft eine gute Eigenschaft, zunächst über die Art der Frage nachzudenken, bevor diese endgültig gestellt und dann nicht mehr zurückgenommen werden kann. Wenn Sie aber zu dem Schluss kommen, dass es die Frage wert ist, gestellt zu werden, dann raus damit. Tun Sie das nicht, machen Sie Ihre Situation mittelfristig betrachtet nicht besser. Womöglich passieren Ihnen Fehler, die durch Nachfragen ganz leicht zu vermeiden gewesen wären. Und rückblickend betrachtet ist eine weitere Frage weniger schlimm, als einen Fehler beichten zu müssen. Zudem ist der Fehler für Ihr Umfeld unverständlich – denn schließlich hatte man Ihnen ja die Angelegenheit ausführlich erklärt ... Dass noch Fragen offen waren, konnte man Ihnen nicht an der Nasenspitze ansehen.

Durch gezieltes Fragen zeigen Sie nicht Unwissenheit, sondern Kompetenz. Sie machen deutlich, dass Sie die Bedeutung der Abläufe und Aufgaben verstehen. Nur dann können Sie gezielte Fragen stellen. Somit ist das Nachfragen für Ihr Gegenüber auch ein Zeichen dafür, dass Sie zuhören und dem Gesprächsverlauf folgen können. Zudem wissen die „alten Hasen", dass es reichlich Wissensdurst zu stillen gibt, wenn frau neu im Geschäft ist. Fehlende Rückfragen machen altgediente Kollegen daher eher misstrauisch und legen schlimmstenfalls den Verdacht nahe, dass Sie womöglich kein Interesse haben, zu schüchtern sind oder zu wenig verstanden haben, um überhaupt eine Frage formulieren zu können. Allesamt keine Verdächtigungen, denen Sie sich freiwillig aussetzen sollten, wo Sie das so leicht vermeiden könnten.

Nun ist Frage aber nicht gleich Frage. Einige Buchseiten zuvor haben wir erzählt, dass der Neuling den Kollegen arglos danach fragte, was dieser studiert habe. Zwar war das unzweifelhaft eine Frage – nur nicht die richtige zur rechten Zeit. Es gibt viele unterschiedliche Fragetechniken. Welche Sie davon aussuchen, ist davon abhängig, was Sie erreichen möchten. Eines steht jedoch fest: Wenn Sie sich die grundlegenden Kenntnisse der Fragetechnik aneignen, werden sie überrascht sein, wo Sie diese Kenntnisse überall anwenden können: Das beginnt mit der Diskussion über den aktuellen Kinofilm, den man gern sehen möchte, und endet mit der Einigung über ein neues Projekt im Job. Grundsätzlich unterscheidet man zwischen den Fragearten „offen“ und „geschlossen“.

z.B. Bei der offenen Frage steht das Fragewort am Anfang. Die Antwort kann nicht „Ja“ oder „Nein“ lauten; meist muss in einem ganzen Satz geantwortet werden.
Beispiel: Wie schätzen Sie die wirtschaftliche Entwicklung ein?
Bei der geschlossenen Frage steht das Verb (oder Hilfsverb) am Satzanfang. Die Antwort kann nur aus einem „Ja“, „Nein“ oder „Vielleicht“ bestehen.
Beispiel: Möchten Sie einen Kaffee?

Meist ist es aufschlussreicher, eine offene Frage zu stellen, um eine möglichst ausführliche Antwort zu erhalten. Lediglich am Ende eines Verkaufsgesprächs, gegenüber Non-Stop-Rednern und gegenüber Unentschlossenen ist es besser, eine geschlossene Frage zu wählen.
Nun kennen Sie bereits den Unterschied zwischen offenen und geschlossenen Fragen. Darüber hinaus gibt es weitere Fragearten, die sich alle voneinander unterscheiden und Ihnen in verschiedenen Situationen weiterhelfen können.

1. Informationsfrage
   Wie der Name schon sagt, holen Sie mit dieser Frageart leicht Informationen ein. Eine solche Frage beginnt immer mit „Wie“, „Wann“, „Wo“, „Wer“ oder „Wie viel“.
   Beispiel: Wann ist der neue Bürokomplex fertig?

2. Alternativfrage
   Mit einer Alternativfrage geben Sie Ihrem Gesprächspartner die Wahl zwischen zwei positiven (!) Möglichkeiten.
   Beispiel: Darf ich Sie um 18 Uhr oder um lieber um 19 Uhr anrufen?
3. Suggestivfrage
   Bei der Suggestivfrage versuchen Sie als Fragender, Ihren Gesprächspartner in Ihrem Sinne zu beeinflussen. Typisch für diese Frageart sind Wörter wie „doch“, „wohl“, „auch“, „bestimmt“ oder „sicherlich“.
   Beispiel: Denken Sie auch, dass ...?
4. Gegenfrage
   Mit einer Gegenfrage reagieren Sie auf eine Frage Ihres Gesprächspartners. Der Vorteil dieser Technik liegt darin, dass Sie durch die Gegenfrage Zeit gewinnen können. Das ist besonders empfehlenswert, wenn Sie die Antwort spontan nicht wissen oder eine provokative Frage zurückgeben möchten.
   Beispiel: Wie meinen Sie das? Wie darf ich Ihre Frage verstehen?
5. Motivierungsfrage
   Mit einer Motivierungsfrage bringen Sie Ihren Gesprächspartner dazu, aus sich herauszugehen.
   Beispiel: Wie haben Sie es geschafft, in kurzer Zeit so gute Ergebnisse zu erreichen?
6. Kontrollfrage
   Wenn Sie eine Kontrollfrage stellen, können Sie überprüfen, ob Sie und Ihr Gesprächspartner noch miteinander übereinstimmen. Diese Fragetechnik ist sehr wichtig; je früher sich herausstellt, dass eine Sache noch nicht abschließend geklärt ist, umso besser. Ansonsten würden die Ergebnisse nur unbefriedigend ausfallen.
   Beispiel: Sind hierzu noch Fragen offen? Habe ich Sie richtig verstanden, dass ...?

7. Fangfrage
   Durch eine Fangfrage erfahren Sie Dinge, die Sie direkt nicht fragen können, weil es unverschämt wäre oder weil Ihnen Ihr Gegenüber nicht antworten würde.
   Beispiel: Wann haben Sie denn Ihren ersten Arbeitstag im Unternehmen gemeistert?

Legen Sie nach jeder Frage eine Pause ein, damit Ihr Gesprächspartner antworten kann. Wenn Sie Ihre Frage gestellt haben, müssen Sie nur geduldig sein, aufmerksam zuhören und gegebenenfalls noch einmal nachfragen.
Manchmal fällt Ihnen auch erst im Nachhinein auf, dass Informationen fehlen und Sie besser noch eine weitere Frage hätten stellen sollen, um rundum bestens gerüstet zu sein. Dennoch müssen Sie sich nicht allein durchschlagen. Im Gegenteil: Meist sind die Gesprächpartner erfreut, wenn frau sich intensiv mit den Inhalten des letzten Dialogs auseinandergesetzt hat und sich nun weiter für das Thema interessiert. Entscheidend ist auch hier, wie Sie dem anderen die Frage antragen. Sagen Sie besser nicht „Ich kann mich nicht mehr erinnern, was Sie genau gesagt haben, als es um das Thema Marketing ging. Daher muss ich noch einmal nachfragen ..." Wesentlich erfreulicher ist die folgende Formulierung: „Frau Klein, entschuldigen Sie, haben Sie gerade drei Minuten Zeit für mich? Mich beschäftigt unser Gespräch von gestern, in dem wir über das Thema Marketing gesprochen haben. Nun ist mir in diesem Zusammenhang noch eine wichtige Frage eingefallen. Und zwar ..."

Aktiv zuhören

Die richtigen Fragen zu stellen ist natürlich erst einmal nur die halbe Miete. Danach müssen Sie auch zuhören. Zwar können Frauen gut zuhören und durch entsprechende körpersprachliche Signale dem anderen mitteilen, dass sie aufmerksam sind. Doch sind wir ehrlich – Frauen fallen dem Gegenüber auch gern mal ins

Wort. Für sie ist das ein Zeichen des gegenseitigen Verstehens. Für mann ist das aber ein Zeichen des Versuchs, ihn zu übertrumpfen. In der Folge wird er entweder schweigsam oder gibt Ihnen zu verstehen, dass Sie keine Ahnung von der Sache haben. Weder das eine noch das andere liegt in Ihrer Absicht. Also seien Sie ein wenig geduldig und diszipliniert, wenn Sie den männlichen Kollegen Ihre Fragen antragen.

Halten Sie sich mit Ihrer Meinung zurück!

Darüber hinaus neigen Einsteiger immer wieder dazu, vorschnell die Meinung zu vertreten, dass bestimmte Dinge sowieso klar sind und somit keiner weiteren Erklärung bedürfen. Zum einen ist es unklug, sich vorschnell zu verschließen. Zum anderen ist es noch unklüger, das dem Gegenüber auch noch mitzuteilen. Seien Sie dankbar, wenn Ihnen jemand lieber etwas zu viel als zu wenig erklärt, und streichen Sie Sätze wie „Das weiß ich schon" aus Ihrem Wortschatz. Sollten Erklärungen zu weitschweifig werden, greifen Sie besser auf die passende Fragetechnik zurück. Dadurch können Sie rücksichtsvoll dokumentieren, dass Sie die wesentlichen Elemente schon verstanden haben.

Achten Sie darauf, dass Ihnen Ihre Körpersprache keinen Streich spielt. Allzu oft verrät unsere Gestik und Mimik, was wir wirklich denken. Finden Sie Ausführungen wichtig und interessant, zeigen Sie das durch eine offene Körperhaltung und aufmerksamen Blickkontakt. Ist das Gegenteil der Fall, sieht man Ihnen Ihre Langeweile schnell an. So zum Beispiel, wenn Sie den Blick unstetig wandern lassen, sich gemütlich hinsetzen oder die Arme vor dem Körper verschränken. Für Ihr Gegenüber ist es kein schönes Gefühl, wenn Sie ihm mit Ihrer Körpersprache Desinteresse vermitteln. Unter Umständen ein Gefühl, das Sie die nächsten Monate noch zu spüren bekommen werden – und zwar sicher nicht zu Ihrem Vorteil.

Sollte Ihnen einfach mal alles zu viel werden, bitten Sie um eine kurze Pause. Schließlich haben Sie jede Menge Informationen zu verdauen und jeder neue Hinweis erfordert Ihre ganze Aufmerksamkeit. Dafür hat jedermann Verständnis. Im Anschluss können

Sie sich wieder frisch und ausgeruht allen neuen Informationen widmen.

Bitten Sie um Hilfe

Der Beschützerinstinkt

Wissen Sie, wann die wenigsten Menschen jemandem etwas abschlagen können? Immer dann, wenn sie aufrichtig um Hilfe und Unterstützung gebeten werden. Wichtig ist, dass das Wort „Hilfe“ oder „helfen“ dabei explizit ausgesprochen wird. Scheuen Sie sich also nicht, andere um ihre Unterstützung zu bitten. Auch hier fühlen sich die meisten Menschen geehrt, dass frau ihnen die Lösung des Problems zutraut. Das gilt übrigens erst recht, wenn sich frau mit ihrem Anliegen an einen männlichen Kollegen wendet. Denn dieser entwickelt gern ein entsprechendes Beschützerverhalten und befindet sich dann ganz in seinem Element. Noch dazu ist mann bekanntermaßen kein grandioser Smalltalker und auch im Aufbau von Beziehungen kein Wunderwesen. Wenn es aber darum geht, Fachkompetenz zu beweisen, wird mann plötzlich sehr gesprächig. Und das soll Ihnen in diesem Fall nur recht sein.

Schriftlich hält besser

Machen Sie sich Notizen

Sie kennen sicher das Sprichwort „Doppelt hält besser“. Doppelt gut hält etwas insbesondere dann, wenn Sie sich das einmal Gehörte auch schriftlich notieren. Vergessen Sie nicht, dass eine Menge neuer Informationen auf Sie einstürmen. Wer schreibt, der bleibt bekanntermaßen – und das gilt natürlich auch für die Tipps der Kollegen, die von Ihnen schriftlich festgehalten werden. Damit ist allerdings keine wilde Loseblattsammlung gemeint, sondern vielmehr ein richtiges Notizbuch, das Sie immer griffbereit bei sich haben. Darin tragen Sie ein, was Ihnen von Ihrem Mentor gezeigt und erklärt wird oder was Sie andernorts beobachtet haben.
Ob Sie die Notizen während der Rundgänge und Erklärungen anfertigen oder erst im Nachhinein schriftlich fixieren, ist von Ihren Vorlieben und der Art der Aufgabe abhängig. Wenn Ihnen

beispielsweise ein kompliziertes Customer-Management-System erklärt wird, so empfiehlt es sich vermutlich, schon während des Gesprächs das Wichtigste und Neueste zu notieren. Geht es dagegen um einen Ausflug in die Nachbarabteilung und Sie möchten die Namen der Mitarbeiter sicherheitshalber in Ihrem Notizbuch verewigen, so werden Sie das erst im Rückblick tun können.

Auch wenn es in der Eile manchmal schwerfällt: Versuchen Sie, in Ihrem Merkbuch übersichtlich zu gliedern und schön zu schreiben. Sie sollen das Notierte immer gern zur Hand nehmen und auch in der Lage sein, es anderen guten Gewissens zu zeigen. Letzteres ist insbesondere dann hilfreich, wenn Sie sich vergewissern wollen, dass Sie alles richtig verstanden und notiert haben. Denn in gewisser Weise können Notizen auch zum Verhängnis werden: Wenn Sie etwas falsch notiert haben, werden Sie es natürlich auch falsch in die Tat umsetzen. Erfahrungsgemäß sprechen wir schriftlichen Vermerken mehr Glaubwürdigkeit zu als unserer Erinnerung. Von daher ist es keine schlechte Idee, manche Notizen noch einmal mit dem Mentor abzugleichen. Sind Sie kein Schönschreiberling, so übertragen Sie Ihre Erstnotizen in ein „offizielles" Merkbuch. Das hat dann auch den Vorteil, dass Sie sich das Niedergeschriebene besser merken können.

Scheuen Sie sich nicht davor, anderen zu sagen oder zu zeigen, dass Sie ein Merkbuch führen. Ein Kollege und Mentor „mit Köpfchen" erkennt darin Ihre Motivation, möglichst schnell eigenständig arbeiten zu können und den anderen dadurch künftig Fragen zu ersparen. Er wird diese Hilfe zur Selbsthilfe sicher zu schätzen wissen.

Gut Ding will Weile haben: Überstunden sind unausweichlich

Ganz ehrlich: Ohne Überstunden kommen Sie anfangs nicht aus. Denn wie bereits erwähnt, benötigen Sie in der ersten Zeit für jede neue Aufgabe zirka das Doppelte der gewöhnlichen Zeit. Daher sind Überstunden unausweichlich. Spätestens jetzt werden Sie froh sein, dass Sie schon vor dem ersten Tag im neuen Job die verbleibende freie Zeit genutzt haben, um sich in bestimmten Dingen fit zu machen. Sonst würden Ihnen die neuen Anforderungen und Lerninhalte womöglich über den Kopf wachsen.

> Weder sollten Ihnen Ihre Überstunden peinlich sein noch geben sie Anlass dafür, sich mit ihnen zu brüsten. Es ist normal, dass Sie anfangs mehr Zeit benötigen, um sich einen Überblick zu verschaffen und sich entsprechend einzuarbeiten. Lassen Sie also Ihren Mentor und die Kollegen ruhig wissen, dass Sie sich außerplanmäßig engagieren. Das zeugt von Ihrem Willen, möglichst schnell eigenständig zu arbeiten.

Neuer Job, andere Herausforderung: Unbekannte Aufgaben bewältigen

Was, wenn Sie in dem neuen Themengebiet wirklich ein absoluter Neuling sind? Zum Beispiel weil Sie direkt von der Uni oder aus der Ausbildung heraus Ihren neuen Job antreten. Was, wenn Ihr Aufgabengebiet im Unternehmen neu etabliert wurde? Zum Beispiel weil die neuesten wirtschaftlichen oder technischen Entwicklungen das erforderlich gemacht haben. In diesen Fällen haben Sie damit zu kämpfen, dass Sie entweder keinen Vorgänger um Rat fragen oder nicht auf persönliche Erfahrungswerte zurückgreifen können.
Insbesondere wenn Sie ein neues Aufgabengebiet im Unternehmen aufbauen und etablieren sollen, tragen Sie eine große Verantwortung. Das Unternehmen setzt viel Vertrauen in Sie, das Sie nicht

enttäuschen möchten. Dennoch wäre es menschlich, wenn Sie diese große und neue Aufgabe nervös machen würde.

Erfahrungswerte aus der Vergangenheit

Ähnlich dem Antritt eines neuen Jobs verunsichert die Tatsache, dass Sie unmöglich wissen können, wo Sie Ihre neue Aufgabe am besten anpacken und welche weiteren Schritte sich als folgerichtig erweisen werden. Ihnen fehlen die exakten Erfahrungswerte. Hilfreich ist es dann, Vergleichswerte oder ähnliche Situationen zu suchen, mit denen Sie in der Vergangenheit konfrontiert waren und aus denen Sie lernen konnten.

Bezogen auf einen neuen Job könnte das bedeuten, dass Sie sich erinnern, wie Sie in Arbeitsgruppen an der Universität gearbeitet haben und so gemeinsam komplexe Aufgaben erfolgreich bewältigt haben. Sicher findet sich im Rückblick mindestens eine Situation, die Ihrer derzeitigen Lage im neuen Job ähnelt und deren Muster Sie auf die neuen Anforderungen übertragen können. Sie werden sehen, dass es Ihnen leichter fällt, Zugang zu einer neuen Herausforderung zu bekommen, sobald Sie in ihr Ähnlichkeiten zu früheren Erfolgserlebnissen erkennen. Das müssen nicht zwingend Erlebnisse aus der Arbeitswelt sein. Auch das Organisieren eines Urlaubs oder Ihr Wissen aus der Kindererziehung können nützliche Erfahrungen sein und Ihnen dabei helfen, ein entsprechendes Muster zu erkennen beziehungsweise anzuwenden.

Einmal ist keinmal: Mit Fehlern souverän umgehen

Wie bitte, werden Sie sich jetzt vielleicht fragen, ein Fehler soll kein Fehler sein? Ja, sofern Sie im Vorfeld erkennbar bemüht sind, keinen Fehler zu begehen. Ihre Absicht sollte natürlich immer sein, Ihre Fehlerquote möglichst niedrig zu halten. Durch die Tatsache, dass Sie ein Merkbuch führen und die Kollegen oder den Mentor regelmäßig um Rat fragen, haben Sie dafür gute Voraussetzungen geschaffen. Nichtsdestotrotz trifft kein Mensch auf dieser Welt Entscheidungen, ohne dabei auch Fehler zu machen. So gehen Manager davon aus, dass sie eine sehr gute Quote erzielt haben, wenn nur 30 Prozent ihrer Entscheidungen sich langfristig als richtig erweisen.

Man muss einen Fehler nicht zweimal machen

Insbesondere in der ersten Zeit werden Ihnen häufiger Fehler passieren. Dafür haben Ihre Kollegen und Vorgesetzten Verständnis, sofern Sie zu Ihren Fehlern stehen. Ein passendes spanisches Sprichwort sagt, dass ein Fehler, der abgestritten wird, sogar zweimal begangen wird. Ein Fehler ist sicher kein Weltuntergang, er kommt in den besten Familien vor. Allerdings sollten Sie diesen anerkennen und vor allem den gleichen Fehler nicht zweimal begehen. In diesem Zusammenhang kann man nach Meinung des amerikanischen Erfinders Thomas Alva Edison einem gemachten Fehler sogar etwas Positives abgewinnen. Edison sagte nämlich einst: „Das ist das Schöne an einem Fehler: Man muss ihn nicht zweimal machen."

Um zu vermeiden, dass Ihnen ein Fehler zweimal passiert, müssen Sie aus Ihrem Fehler hinreichend gelernt haben. Zum Beispiel indem Sie den richtigen Ablauf noch einmal mit Ihrem Mentor absprechen, Ihre Notizen verbessern oder manche Dinge einfach anders organisieren. Es ist jedoch nicht hilfreich, wenn Sie in Selbstgesprächen sagen, dass Sie diesen einen Fehler keinesfalls noch einmal machen oder, noch schlimmer, sich überhaupt keine Fehler erlauben dürfen. Denn Ihr Unterbewusstsein kann nicht unterscheiden, ob Sie von „keinem Fehler" oder „einem Fehler" sprechen. Für Ihr Unterbewusstes existiert nur die Zielvorgabe „Fehler" und diesen wird es dann pflichtgemäß anstreben. Programmieren Sie sich stattdessen positiv und formulieren Sie konkrete Vorgaben, zum Beispiel: „Ich beherrsche das neue Office-Paket sehr gut und achte insbesondere auf die Tabellenkalkulation."

Schlüsselqualifikationen kennen und können

Nichtfachliche Kompetenzen sind der Schlüssel zu beruflichem Erfolg. Dies gilt insbesondere bei Jobeinsteigerinnen, welche die ersten 100 Tage im neuen Unternehmen zu meistern haben. Denn lange bevor Sie mit Ihrer Fachkompetenz glänzen können, müssen Sie Ihre weichen Kompetenzen unter Beweis stellen. Können Sie das nicht, kommen Sie erst gar nicht so weit, dass Ihnen die neuen Kollegen zuhören und sich für Ihr Fachwissen interessieren.

Schlüsselqualifikationen und ihre Interpretationen

Zwar sind Schlüsselqualifikationen schon seit einigen Jahren zum zentralen Begriff geworden. In den meisten Stellenausschreibungen und Anforderungsprofilen werden sie neben den fachlichen Kenntnissen ganz selbstverständlich verlangt. Kein Wunder, denn viele offizielle Institute betonen die große Bedeutung dieser weichen Qualifikationen. So gibt die Bundesvereinigung der Deutschen Arbeitgeberverbände beispielsweise an, dass 51 Prozent der Qualifikationen eines idealen Hochschulabsolventen aus fachlichen Kenntnissen bestehen sollten – und 49 Prozent aus Schlüsselqualifikationen. Dennoch finden sich die meisten Arbeitnehmer im Begriffswirrwarr von Soft Skills, weichen Fähigkeiten, Sozialkompetenzen, Schlüsselqualifikationen und Kernkompetenzen nur schwer zurecht: Wozu sollen Schlüsselqualifikationen der Schlüssel sein? Oder hält frau mit ihrer Hilfe womöglich sogar etwas unter Verschluss?

Bereits im Jahre 1974 entwarf das Institut für Arbeitsmarkt- und Berufsforschung (IAB) im Rahmen einer Reform der Lehrlingsausbildung eine erste Definition für den Begriff der Schlüsselqualifikationen: Dieser verstand unter Schlüsselqualifikationen die Qualifikationen, die als „Schlüssel“ zur Erschließung von sich schnell änderndem Fachwissen dienen können.

Nach Definition der Bildungskommission NRW (1995) sind Schlüsselqualifikationen „erwerbbare allgemeine Fähigkeiten, Einstellungen und Strategien, die bei der Lösung von Problemen und beim Erwerb neuer Kompetenzen in möglichst vielen Inhaltsbereichen von Nutzen sind“.

Schlüsselqualifikationen helfen also dabei, in möglichst vielen Bereichen lebenslang handlungsfähig zu bleiben. Schlüsselqualifikationen sollen und können das Fachwissen nicht ersetzen, sondern helfen, dieses zu erschließen. Genau diese Erfahrung machen Sie auch als Berufseinsteigerin: Ihre Fähigkeit, auf andere Menschen zuzugehen und mit ihnen dank einer kommunikativen Ader und Einfühlungsvermögen eine dauerhafte Beziehung aufzubauen, hilft Ihnen, im neuen Unternehmen Fuß zu fassen. Erst danach wird Ihre Fachkompetenz wichtig.

Schlüsselqualifikationen = Schlüsselkompetenzen?

Oftmals wird zwischen den Begriffen Schlüsselqualifikationen und Schlüsselkompetenzen unterschieden. Erstere stellen nach der Lehrmeinung eine Grundlage dar, um sich verändernden Arbeitsbedingungen anzupassen. Schlüsselkompetenzen dagegen beziehen sich auf den gesamten Lebenszusammenhang und den gesellschaftspolitischen Kontext. In der Praxis wird zwischen den beiden Begrifflichkeiten allerdings nur selten unterschieden. Genau deshalb kursieren auch unterschiedliche Begrifflichkeiten, die im Grunde dasselbe meinen. Das Repertoire an Schlüsselqualifikationen reicht von kognitiven Fähigkeiten über praktische Fertigkeiten bis hin zu Persönlichkeitsmerkmalen. Gelegentlich werden sogar EDV-Kenntnisse oder betriebswirtschaftliche Kenntnisse dazu gezählt, denn diese gelten als Grundlage für das Aneignen von neuem Wissen.

Pädagogen und Sozialwissenschaftler zählen oftmals andere Persönlichkeitsmerkmale zu den Schlüsselqualifikationen. Neben ethischer Urteilsfähigkeit und Kritikvermögen gehören in ihren Augen gute Allgemeinbildung und Demokratieverständnis zu der sogenannten subjektiven Seite der Schlüsselqualifikationen. Aus der Sicht von Personalverantwortlichen in Unternehmen handelt es sich bei Persönlichkeitsmerkmalen um Disziplin, Fleiß, Leistungs- und Lernbereitschaft, Eigeninitiative und die Fähigkeit zur Zusammenarbeit.

Die vier persönlichen Schlüsselkompetenzen

Allgemein lassen sich Schlüsselqualifikationen in vier Kompetenzbereiche einordnen:

- ❑ Sozialkompetenz: Darunter versteht man Kenntnisse, Fertigkeiten und Fähigkeiten, die dazu befähigen, in den Beziehungen zu Menschen situationsadäquat zu handeln. Dazu gehören:
  - Kommunikationsfähigkeit
  - Kooperationsfähigkeit

- Konfliktfähigkeit
- Einfühlungsvermögen (Empathie)
- Emotionale Intelligenz

❑ Methodenkompetenz: Darunter versteht man Kenntnisse, Fertigkeiten und Fähigkeiten, die es ermöglichen, Aufgaben und Probleme zu bewältigen, indem sie die Auswahl, Planung und Umsetzung sinnvoller Lösungsstrategien ermöglichen. Dazu gehören:

- Analysefähigkeit
- Kreativität
- Lernbereitschaft
- Denken in Zusammenhängen
- Abstraktes und vernetztes Denken
- Rhetorik

❑ Selbstkompetenz: Darunter versteht man insbesondere bestimmte Persönlichkeitseigenschaften, wie zum Beispiel:

- Leistungsbereitschaft
- Engagement
- Motivation
- Flexibilität
- Kreativität
- Ausdauer
- Zuverlässigkeit
- Selbstständigkeit

❑ Handlungskompetenz: Die Schnittmenge der oben genannten Kompetenzbereiche ist die individuelle Handlungskompetenz. Kompetenz bedeutet in diesem Zusammenhang die Fähigkeit, sich situationsabhängig angemessen zu verhalten, selbstverantwortlich Probleme zu lösen oder mit anderen Menschen gut umzugehen.

> Weiche Kompetenzen sind immer dann wichtig, wenn es um das Herstellen von Beziehungen zu anderen Menschen geht. Daher sind Schlüsselqualifikationen insbesondere für Berufseinsteiger von besonderer Bedeutung. Über diese sozialen Kompetenzen finden Sie Zugang zu der Kollegen-Gruppe und auch zu Vorgesetzten.

Ist der Jobeinstieg gemeistert, sind Schlüsselqualifikationen weiterhin wichtige Karrierehelfer: So schätzen Personalverantwortliche, dass fachliche Leistungen nur zu 10 Prozent die Aufstiegschancen beeinflussen. Wesentlich ausschlaggebender für Beförderungen sind ein gutes Image beziehungsweise eine gute Selbstdarstellung (30 Prozent) und die Fähigkeit, Beziehungen aufzubauen und zu pflegen (60 Prozent). Das ist übrigens ein Grund, warum Frauen seltener und langsamer befördert werden als ihre männlichen Kollegen. Zwar haben Frauen von ihrer Veranlagung her die Nase vorn, wenn es darum geht, Beziehungen herzustellen und auf die Gefühle anderer Rücksicht zu nehmen. Dennoch versucht frau im Job meist, über reine Leistungen auf sich aufmerksam zu machen. Schaffen Sie es, beide Elemente miteinander zu kombinieren, sind Sie nicht nur eine souveräne Jobeinsteigerin, sondern bald auch eine elegante Aufsteigern.

Freund oder Feind? Der Umgang mit den neuen Kollegen

Der Schlüssel zum Erfolg sind nicht Informationen.
Das sind Menschen.
Lee Iacocca (*1924), amerikanischer Topmanager

Machen Sie sich darauf gefasst, dass Sie nicht überall gleich auf Akzeptanz treffen werden. Nicht alle neuen Kollegen sind gut

darin, Beziehungen zu knüpfen, und zeigen ihr Wohlwollen oft erst später durch die Anerkennung Ihrer Arbeitsergebnisse.
Doch nur die fachliche Kompetenz allein kann keine sichere und schnelle Einarbeitung garantieren. Erst das Zusammenspiel von Fachwissen und persönlicher Kompetenz verschafft Ihnen einen guten Start im neuen Unternehmen. Persönliche Kompetenz ist also immer dann gefragt, wenn Sie mit Menschen zu tun haben. Das gilt für fast alle Bereiche der Berufswelt. So natürlich auch, wenn Sie in ein neues berufliches Umfeld eintreten und dort neue Kollegen kennenlernen. Daher sollten Sie vom ersten Arbeitstag an darauf bedacht sein, zu Ihren neuen Kollegen gute Beziehungen aufzubauen. Sie sind das Fundament für Ihren späteren beruflichen Erfolg.

Spielregeln im Umgang mit männlichen Kollegen

Wenn Sie in ein neues Unternehmen oder in eine neue Abteilung eintreten, treffen Sie dort auf bereits festgelegte Gefüge. Die neuen Kollegen haben eine gemeinsame Vergangenheit; ihr Miteinander spielt sich nach Regeln ab, die kollektive Erlebnisse geschrieben haben. So hat man sich untereinander die Karriereleiter emporgeschoben oder hinuntergestürzt, übereinander getratscht, gegenseitig intrigiert oder einander unterstützt. In einem solchen Miteinander bilden sich automatisch bestimmte Rangordnungen, die ein Team auszeichnen. Als Neuling kennen Sie weder die Geschichten der Vergangenheit noch die daraus resultierenden individuellen Befindlichkeiten. Ehe es sich frau versieht, hat sie sich ungünstig verbündet oder den Ranghöchsten unfreiwillig vor den Kopf gestoßen.

Wer hat hier das Sagen?

Denn im Gegensatz zu festgeschriebenen Organigrammen sehen Sie bei den inoffiziellen Rangigkeiten des Teams nicht auf den ersten Blick, wer welche Position innehat. Es bleibt Ihnen also nichts anderes übrig, als zu beobachten und vorsichtig die entsprechenden Rückschlüsse zu ziehen: Wer ergreift gern als Erster das Wort? An wessen Schreibtisch finden am häufigsten inoffizielle

Gespräche statt? Wer wird zuerst um Rat gefragt? Zu wem hält der Vorgesetzte engen Kontakt? Wer geht mit wem zum Mittagessen? Wem hört man aufmerksam zu, wem nicht?

Männer und Macht

Sie werden bei Ihren Beobachtungen feststellen, dass sich Frauen und Männer ganz unterschiedlich in Teams integrieren. Selbst wenn offiziell alle auf einer Stufe stehen, ergeben sich doch geschlechterspezifisch interessante Unterschiede im individuellen Rollenverhalten. So hat der Begriff „Macht" für Männer zumeist eine sehr hohe Bedeutung. Ihrer Definition nach hat nur derjenige etwas zu sagen, der mächtig ist. Derjenige darf als Erster das Wort ergreifen, Diskussionen abkürzen und Entscheidungen treffen. Es verwundert daher nicht, dass Männer gern in stark hierarchisch ausgeprägten Systemen arbeiten: Dort wird ihnen ihr Machtanspruch schwarz auf weiß zugesprochen, sei es durch die entsprechenden Visitenkarten, das passende Türschild oder ihren Platz im Organigramm. Das Ziel ist, die Karriereleiter weiter emporzuklettern und dabei auch immer höhere Hierarchiestufen zu erklimmen. Um dieses Ziel zu erreichen, suchen Männer stetig nach Aufstiegsmöglichkeiten und orientieren ihr Handeln daran, ob es auf dem Weg nach oben nützlich sein könnte.

Frauen wollen sich wohlfühlen

Frauen dagegen haben ein anderes Bild von ihrer Position im Unternehmen. Sie arbeiten in erster Linie inhaltsorientiert. Wichtig ist ihnen, ob die Aufgabe Spaß macht, das Arbeitsumfeld stimmt und sie sich rundum wohlfühlen. Ob damit eine anerkannt hohe Hierarchiestufe einhergeht, steht auf einem anderen Blatt und ist tendenziell weniger wichtig. Dementsprechend haben Frauen eine andere Sichtweise von der idealen Zusammenarbeit unter Kollegen. Sie sehen darin mehr Partnerschaft als Konkurrenz: Durch eine gute Kooperation steigt die Qualität der Arbeitsumgebung und darin sehen Frauen einen persönlichen Gewinn. Männer dagegen achten darauf, sich möglichst zielstrebig an die Spitze der Umgebung zu setzen, um von dort aus dem nächsten Karrierestep am nächsten zu sein.

Weder der eine noch der andere Weg ist besser oder schlechter. Ideal ist eine Kombination von beiden. Auf der einen Seite beklagen sich Frauen häufig, dass sie nicht befördert werden oder weniger Gehalt für die gleiche Leistung erhalten. Auf der anderen Seite verfolgen sie ihren Machtanspruch nicht kontinuierlich. Sie verlassen sich darauf, dass irgendwann der Vorgesetzte die von ihnen erbrachten Leistungen würdigen und honorieren wird. Tut er das nicht, kniet sich frau einfach noch tiefer in die Arbeit hinein, um noch mehr Fachkompetenz zu erlangen. Doch ist der Vorgesetzte männlicher Natur, erlebt er das Verhalten der Frau ganz anders. Für ihn demonstriert sie keine Ambitionen auf eine Beförderung – zumal sie in dem derzeitigen Aufgabengebiet ja offensichtlich sehr zufrieden und erst recht kompetent ist. Umgekehrt würde es den meisten Männern guttun, wenn sie sich über ihr eigenes Machtverhalten bewusst wären und dementsprechend stärkere inhaltliche Schwerpunkte setzen würden. Die Autorin Isabel Nitzsche hat dieses Phänomen einst folgendermaßen formuliert: „Es setzt sich nicht durch, wer besser ist, sondern wer sich besser durchsetzt."

z.B. Die unterschiedlichen Verhaltensweisen von Männern und Frauen sind natürlich auch im täglichen Miteinander zu beobachten. Stellen Sie sich vor, Sie befinden sich als Neuling in einem Meeting mit den Kollegen. Eines Ihrer Fachthemen steht auf der Tagesordnung, doch der Kollege ergreift zuerst das Wort. In seinen Ausführungen entdecken Sie mehrere kleine Ungereimtheiten. Irgendwann können Sie sich nicht mehr zurückhalten und müssen (dem richtigen Inhalt zuliebe) einsteigen. Sie machen Ihren Kollegen darauf aufmerksam, dass bestimmte Punkte der Ergänzung bedürfen ...

Unterbrechen Sie nicht den Redefluss eines Mannes!

Was denken Sie, wie könnte das Beispiel weitergehen? Um es allgemein zu formulieren: Sicher nicht sonderlich erfreulich, denn ...

- ... der Kollege wird nicht begeistert davon sein, dass Sie ihn unterbrechen. Männer lassen sich gegenseitig ausreden. Eine

Unterbrechung bedeutet, dass Sie seine Kompetenz in Zweifel ziehen.

- ❑ ... in Ihrer Wortmeldung gehen Sie tatsächlich auf inhaltliche Ungereimtheiten ein. Wenn Sie meinen, dem fachlichen Inhalt einen Gefallen getan zu haben, denkt Ihr Kollege, dass Sie gerade an seinem Stuhl sägen.
- ❑ ... an der Tatsache, dass der Kollege zuerst das Wort ergreift, können Sie ablesen, dass er für sich den höchsten Rang innerhalb des Teams beansprucht. Er hält sich in diesem Moment offensichtlich für kompetent oder ihm steht einfach immer das erste Wort zu. Ganz schön frech, dass eine Neue sich traut, das zu bezweifeln!

In der Folge wird der männliche Kollege erst einmal dafür sorgen, dass die Neue daran erinnert wird, wo ihr Platz im Unternehmen ist. Vergessen können Sie die Hoffnung, dass Ihre inhaltlichen Anmerkungen jetzt noch berücksichtigt werden. Damit können Sie es vielleicht in einem halben Jahr noch einmal versuchen, wenn Sie sich wirklich einen Platz im Team erkämpft haben. Dass Ihre Absicht eine gute war, spielt leider auch keine Rolle. Entscheidend ist immer, wie das Gesagte beim Gegenüber ankommt. Und das war in diesem Fall kein gelungenes Experiment.

Männer wollen in Diskussionen ihre Position verteidigen

Männer nehmen Gespräche und Diskussionen regelmäßig zum Anlass, ihre eigene Position zu verteidigen. Jeder der männlichen Diskussionspartner möchte als der Stärkere aus Unterhaltungen hervorgehen. Die Stärke im Vergleich zum anderen wird insbesondere durch Fachkompetenz und rhetorisches Geschick bewiesen. Die emotionale Ebene einer Botschaft hat kaum Bedeutung. Frauen dagegen ist die Art und Weise, wie ihnen etwas gesagt wird, sehr wichtig. Nicht selten verstehen sich Mann und Frau darum auch nicht richtig. Sie kommunizieren auf anderen Ebenen: Während frau zu mann sagt, dass „jemand mal wieder Kaffee besorgen müsste“, und damit meint, dass er an der Reihe damit ist, versteht dieser darunter keine Aufforderung. Schließlich wurde er ja nicht direkt angesprochen. Frau dagegen fühlt sich auf den

„Es müsste mal jemand Kaffee besorgen“

Schlips getreten, wenn mann ihr ungehalten zu verstehen gibt: „Du wolltest schon längst mal Kaffee mitbringen. Kann doch nicht so schwer sein."

Frauen setzen in Gesprächen also auf Harmonie und Nähe. Es fällt ihnen schwer, mit Menschen zusammenzuarbeiten, zu denen sie keine persönliche Beziehung haben. Umso mehr sollten Sie in Ihrem eigenen Interesse als Einsteigerin darauf bedacht sein, die zart geknüpften Bande nicht durch unbedachte Bemerkungen zu beschädigen. Denn im Gegensatz zu Frauen können Männer sehr viel unproblematischer mit jemandem zusammenarbeiten, den sie auf emotionaler Ebene nicht (mehr) mögen: Da männliche Diskussionen rein sachlicher Natur sind, schließen diese eine Zusammenarbeit mit einem unliebsamen Kollegen nicht aus, im Gegenteil. Gerade eine Zusammenarbeit bietet Männern die Chance, den anderen auszutesten und nach Möglichkeit selbst als fachlicher Gewinner daraus hervorzugehen. So wundert es auch nicht, dass die folgende Aussage von einem Mann stammt. Genauer gesagt von niemand Geringerem als Thomas Watson junior, der einst Konzernchef von IBM war und als führender Topmanager gilt:

„Ich zögerte nie, einen Mitarbeiter zu befördern, den ich nicht mochte. Der bequeme Assistent, der nette Kerl, mit dem man gern zum Angeln geht, kann einen den Kopf kosten. Ich suchte stattdessen raue, barsche, ja fast unhöfliche Leute aus, weil sie die Dinge so sehen, wie sie wirklich sind, und sie auch beim Namen nennen. Wer viele solcher Leute um sich schart und sich die Mühe macht, sie auch anzuhören, kann es weit bringen."

Sie haben es erraten: Eine Frau würde die Dinge ganz anders sehen ...

> Merken Sie sich, dass Männer nicht unterlegen sein wollen. Eine gleichrangige Beziehung zu Kollegen ist Männern aber ebenso unliebsam. Somit bleibt für mann nur noch ein Lieblingsplatz: der des Platzhirsches.

Ein Platzhirsch fühlt sich von Ihnen bedroht, wenn Sie ihn offen vor anderen kritisieren und damit seine Position infrage stellen.

Hinweise darauf, wer der Platzhirsch ist, geben Ihnen die folgenden Überlegungen:

Wer ist der Platzhirsch?

- Wer ergreift als Erster das Wort?
- Wer integriert die Arbeitsleistungen der anderen in seine eigene Präsentation und geht damit (bestenfalls im Auftrag des Teams) zum Chef?
- Wer betritt als Letzter den Besprechungsraum und ist sich dennoch sicher, dass auf ihn gewartet wird?
- Wer traut sich, Regeln auf den Kopf zu stellen?
- Wer darf in Diskussionen widersprechen?
- Wer muss nie den Kaffee kochen oder die Spülmaschine ausräumen?
- Wer holt nie Gäste vom Empfang ab?
- Bei wem verstummen Gespräche, wenn er den Raum betritt?

Im Umgang mit einem Platzhirsch sollten Sie darauf achten, dass Sie ihm seine Position, insbesondere vor Zuschauern, nicht streitig machen. Nehmen Sie sich also bewusst zurück, wenn der Platzhirsch das Wort ergreift. Als Neuling laufen Sie sonst Gefahr, dass er sich gegen Sie wendet. Im schlimmsten Fall folgt ihm sein ganzes Rudel, sprich die Abteilung, und Sie werden unversehens zur Außenseiterin. Durchschauen Sie stattdessen die Regeln, die der Platzhirsch aufstellt, und nutzen Sie diese, um ihn schachmatt zu setzen: Dazu gehört, ihn ausreden zu lassen, Expertenwissen zu zeigen, in Diskussionen nicht klein beizugeben und (für Frauen untypisch) statistische Kennzahlen parat zu haben. Mit Letzteren überzeugen Sie einen Mann meist leichter als mit schöngeistigen Begründungen.

Der Platzhirsch als Verbündeter

Eine gemachte Frau sind Sie übrigens dann, wenn Sie es schaffen, sich den Platzhirsch zum Verbündeten zu machen. Ganz offensichtlich verfügt er über gute Kontakte „nach oben“ und seine Meinung hat in der Abteilung entsprechendes Gewicht. Zum Verbündeten wird der Platzhirsch dann, wenn Sie beide gemeinsame Interessen entdecken und dadurch eine passende Basis finden. Unterstützt der

Platzhirsch seinerseits Ihre Vorhaben und zollt Ihnen Respekt, sind Sie auf der Erfolgsspur angekommen. Seien Sie sich aber darüber bewusst, dass Ihnen der Platzhirsch niemals helfen wird, eine bessere Position als seine einzunehmen. Konkurrenz belebt in diesem Fall nämlich nicht das Geschäft. Ihre eigenen Kontakte „nach oben" bleiben trotz Verbundenheit begrenzt – es sei denn, Sie suchen sich irgendwann zusätzliche neue Verbündete ...

Guter Kollege oder schlechter Kollege?

Neben dem Platzhirsch gibt es natürlich noch das Rudel an Kollegen, die wiederum ihre speziellen Eigenarten aufweisen. Mit manchen verstehen Sie sich auf Anhieb gut, zu anderen finden Sie einfach keinen Draht. Dies ist in fast allen Unternehmen der Fall. Verschiedene „Kollegentypen" bringen unterschiedliche Bedürfnisse mit sich. Erkennen Sie diese und können darauf eingehen, sind Ihnen weitere Verbündete alsbald sicher.

Der Kollege „Besserwisser"

Oft ist der Besserwisser bereits länger in der Firma und steht den anderen stets mit klugen Ratschlägen zur Seite. Aufgrund seines Erfahrungswissens mischt er gern überall mit und kommentiert das Geschehen. Seine Zuhörer schalten schnell ab und wirken frustriert, wenn dieser Kollege das Wort ergreift. Aus Erfahrung wissen Sie, dass sich die Mühe nicht lohnt, dem Besserwisser zu erklären, dass er falschliegt oder etwas falsch verstanden hat. Denn der Besserwisser weiß einfach immer alles besser, ganz egal was frau sagt. Darüber hinaus möchte dieser Typ regelmäßig das letzte Wort haben – und Recht natürlich sowieso. Sein Standardsatz lautet daher: „Ich hab es ja gleich gesagt!"
So kommen Sie mit dem Besserwisser klar: Danken Sie ihm für seine interessanten Anregungen und seine wertvolle Meinung. Dadurch fühlt er sich bestätigt. Ein Lob an passender Stelle wirkt wahre Wunder. Im Anschluss kehren Sie wieder zum eigentlichen Thema zurück. Zeigen Sie dem Besserwisser, dass Sie ebenfalls

über fachliche Kompetenz verfügen. Das hinterlässt Eindruck und macht es für ihn nicht zwingend notwendig, Sie immer und überall zurechtzuweisen.

Der Kollege „Provokateur“

Meistens möchte der Kollege von der Marke Provokateur eigentlich anders sein. Zumindest anders als die anderen. Dies unterstreicht der Provokateur durch Kleidung, Einstellung, Auftreten, Ansichten und seine Gesamtpersönlichkeit. Regeln werden von ihm daher gern ignoriert – insbesondere dann, wenn diese von den anderen Kollegen eingehalten werden und er dadurch zusätzliche Aufmerksamkeit einheimsen kann. Zustimmung dürfen Sie von einem Provokateur nur selten erwarten, denn eine seiner Vorlieben ist das Widersprechen. Gern widerlegt er die Aussagen von Kollegen, sei es im Sport, in der Politik oder bei beruflichen Themen.
So kommen Sie mit dem Provokateur klar: Geben Sie dem Provokateur das Gefühl, dass Sie sich seiner Meinung anschließen („Das sehe ich ähnlich ...“). Diese scheinbare Zustimmung mildert seinen Konfrontationskurs. Im Anschluss greifen Sie gezielt die schwächsten Argumente des Provokateurs auf und tragen diese so vor, als ob sie Ihnen immens wichtig und wertvoll wären. Vertrauen Sie darauf, dass Ihre Kollegen diese Argumente nicht dulden und Ihnen bei der Demontage behilflich sein werden.

Der Kollege „Poser“

Der Poser setzt sich gern in Szene. Dabei lässt er keine Gelegenheit aus, sich vorteilhaft zu präsentieren. Meist fällt er durch ein sehr gepflegtes Erscheinungsbild auf. Der Poser redet viel, ohne etwas Konkretes zu sagen, und bleibt gern unverfänglich. Dennoch beeindruckt er sein Publikum durch gekonnte Reden, Vorträge und Gespräche. Seine Anwesenheit entgeht keinem der Anwesenden.
So kommen Sie mit dem Poser klar: Problematisch ist, dass Poser gern fremde Ideen aufgreifen und als eigene verkaufen. Damit

setzen sie sich vorteilhaft in Szene. Vorsichtshalber sollte man ihnen nicht freiwillig die eigenen innovativen Ideen anvertrauen. Zudem stellt ein Poser gern Behauptungen auf, die er als Tatsachen verkauft. Durch hartnäckiges, konsequentes Nachfragen werden diese angeblichen Tatsachen aber schnell entlarvt. Wenn ein Poser zum Beispiel behauptet: „... wir wollen uns nicht an dem Projekt beteiligen ...", dann bringt oftmals bereits ein einfaches Nachfragen nach dem „wir" kunstvoll aufgebaute Legenden zum Einsturz.

Der Kollege „Minimalist"

Den Minimalisten erkennen Sie daran, dass er niemals Überstunden macht und Ihnen nachts im Schlaf noch sagen könnte, wie viele Urlaubstage ihm noch zustehen. Er arbeitet, um zu leben, und sieht in seinem Beruf keine Berufung, sondern lästige Pflicht. Daher hält sich sein Engagement auch in Grenzen. Das Nötigste wird erledigt, mehr aber auch nicht.
So kommen Sie mit dem Minimalisten klar: Lassen Sie sich nicht von einem Minimalisten beraten, wenn es um die inoffiziellen Regeln am Arbeitsplatz geht. Es wäre wenig überraschend, wenn er Ihnen erzählen würde, dass Überstunden völlig unüblich sind und im Sommer auch schon mal mittags Feierabend gemacht wird. Verlassen Sie sich auch nicht auf diesen Kollegen, wenn es um die Abgabe eines gemeinsamen Projekts geht, das viel Arbeit erfordert. Sollte der Aufwand in seinem Arbeitstag Platz finden, wird er Ihnen helfen, ohne sich zu überanstrengen. Sollte allerdings ein Mehraufwand entstehen, werden Sie die Einzige sein, die das Projekt nach Feierabend noch retten kann.

Der Kollege „Intrigant"

Intriganten gibt es leider immer und überall. Das sind meist jene Kollegen, welche die Karriereleiter ohne Rücksicht auf Verluste erklimmen, sich gern mit fremden Federn schmücken, Wissen für sich behalten und nach außen übertrieben freundlich wirken.
So kommen Sie mit dem Intriganten klar: Der Intrigant erregt auch dadurch Aufmerksamkeit, dass er etwas weiß, das die anderen

(noch) nicht wissen. Daher hilft der Intrigant mit selbst erfundenen Gerüchten gern nach. Genau dies ist aber auch sein Schwachpunkt. Wer dem vermeintlichen Intriganten eine selbst erfundene Geschichte anvertraut mit der Bitte, diese für sich zu behalten, der weiß schnell Bescheid, wes Geistes Kind er vor sich hat.

Der Kollege „Verlierer"

Diesen Kollegen erkennen Sie daran, dass er sich für ein verkanntes Talent hält, dem seine Aufstiegschancen durch unfähige Vorgesetzte verwehrt geblieben sind. Unweigerlich wird die neue Mitarbeiterin davon in Kenntnis gesetzt, dass die Vorgesetzten wahre Idioten sind und es ein Wunder ist, dass die Firma mit diesen Steuermännern nicht schon sang- und klanglos untergegangen ist.
So kommen Sie mit dem Verlierer klar: Zunächst einmal ist der Verlierer meist kein armer Geselle, dem der Aufstieg ungerechterweise verwehrt geblieben ist. Meist handelt es sich um einen Außenseiter, von dem sich andere Kollegen fernhalten. Gern würde er Sie auf seine Seite ziehen – aber Vorsicht: Verbünden Sie sich mit einem Verlierer, befinden Sie sich garantiert nicht mehr lange auf dem aufsteigenden Ast.

Der Kollege „Gnadenlos"

Der Gnadenlose geht im wahrsten Sinne des Wortes über Leichen und Mitleid ist ein Fremdwort für ihn. Allenfalls hält er sich an das Motto: Jeder Angriff, der einen Mann nicht umwirft, stärkt ihn. Mental stark ist der Gnadenlose jedenfalls definitiv. Gern setzt er sich dank kräftiger Stimme und lautem Ton durch, was ihm insbesondere bei schüchternen Kollegen gut gelingt.
So kommen Sie mit dem Gnadenlosen klar: Lassen Sie sich nicht bereits durch die laute und kräftige Stimme einschüchtern. Manche mögen einem Konflikt aus dem Wege gehen – Sie nicht. Denn merkwürdigerweise hält der Gnadenlose insgeheim von jenen Leuten, die ihm widersprechen, mehr als von jenen, die zu allem „Ja und Amen" sagen.

Kontern Sie besonders ruhig und sachlich. („... offensichtlich sind Sie anderer Ansicht. Wie lautet Ihr Lösungsvorschlag?“) Kaum etwas verwirrt diesen Kollegen mehr, als wenn der Gesprächspartner unbeeindruckt bleibt.

Der Kollege „Jammerer“

Dem Jammerer kann man selten etwas recht machen. Er hat gegen alles und jeden Bedenken. „Vielleicht“, „aber“ und „besser nicht“ sind seine Stammvokabeln. Sätze wie „... man kann ja nie wissen ...“, „... ich hab ja gleich davor gewarnt, aber auf mich hört ja keiner ...“ oder „... früher war alles besser ...“ runden sein Profil ab.

So kommen Sie mit dem Jammerer klar: Der Jammerer jammert permanent. Das ist nicht gerade motivierend für die Kollegen. Natürlich findet er durchaus manchmal Probleme, die andere übersehen haben, allerdings sieht er stets alles pessimistisch. Dadurch läuft er auch Gefahr, nicht ernst genommen zu werden. Eine Möglichkeit, mit einem derartigen Kollegen zu arbeiten, besteht darin, ihn zwar zu Wort kommen zu lassen, sich verständnisvoll zu zeigen, dann aber bei den ursprünglichen Plänen zu bleiben. Oftmals ist es dem Jammerer auch gar nicht recht, dass Pläne aufgrund seiner Einwände geändert werden. Er übernimmt nämlich nur ungern die Verantwortung – erst recht nicht, wenn etwas schiefgehen könnte.

Tipp

Änderungsversuche können Sie sich abschminken

Es erhebt sich die Frage, wie man am besten mit den verschiedenen Kollegentypen umgeht. Eines steht fest: Menschen lassen sich nicht von einem Tag auf den anderen ändern und erst recht nicht von einem Neuling. Akzeptieren Sie die Kollegen so, wie sie sind. Ärgern Sie sich nicht über ihr Verhalten, sondern wundern Sie sich allenfalls darüber. Im Zweifelsfall schneiden sich die Herrschaften mit ihrem Verhalten ins eigene Fleisch.

Stichwort Teamarbeit

Teamfähigkeit ist eine häufig geforderte Kompetenz im Bereich der Schlüsselqualifikationen. Als Einsteigerin haben Sie es deutlich leichter, wenn Sie sich frühzeitig als gute Teamplayerin erweisen. Fast immer ist beim Stichwort Teamarbeit von Anforderungen an ein eingespieltes Team die Rede, das blind aufeinander vertrauend alle Widrigkeiten meistert, Negativerlebnisse wegsteckt und ausschließlich dem Erfolg verschrieben ist. Was aber macht erfolgreiche Teamarbeit wirklich aus und wie sollten Sie sich anfangs verhalten, damit Sie Bestandteil des eingespielten Teams werden und Ihre eigene Rolle darin finden?

Im Team gemeinsame Ziele erreichen

Definiert man das Stichwort „Teamarbeit", so versteht man darunter das Erreichen gemeinsamer Ziele durch gegenseitige Unterstützung und Berücksichtigung der Stärken und Schwächen jedes Einzelnen. Die Größe und Zusammensetzung eines Teams spielen dabei eine große Rolle, da ein hohes Maß an Selbstdisziplin sowie Ehrlichkeit und Offenheit im Umgang miteinander erforderlich sind. Hinzu kommen ein sachliches Einschätzen der eigenen Grenzen, Kompromissbereitschaft und der positive Umgang mit Konflikten. Nicht jedes Teammitglied verfügt über gleichgeartete Talente; die richtige Mischung ist ausschlaggebend und entscheidet darüber, ob ein Team erfolgreich ist oder nicht.

Als Neuling im Team

Insbesondere Neueinsteigerinnen berichten häufig über eine gefühlte mangelnde Akzeptanz innerhalb des Teams, da ihre Vorschläge anfangs nur bedingt Zustimmung finden. Das ist nicht weiter ungewöhnlich: Sie sind ein Neuling innerhalb des eingespielten Teams und werden daher erst einmal mit Abstand beäugt und auf die Probe gestellt. Dadurch finden die anderen heraus, wo Sie stehen und welche Rolle Sie einnehmen könnten. Sie selbst können entscheidend dazu beitragen, Ihre Akzeptanz zu erhöhen. Zum Beispiel indem Sie deutlich machen, dass Sie zugehörig sein wollen und die Spielregeln akzeptieren. In der Folge wird sich ein vorhandenes Misstrauen umso schneller abbauen, je mehr Zugehörigkeit und Wunsch nach Identifikation Sie zeigen.

Teamfähig zu sein bedeutet aber noch lange nicht, es allen recht machen zu wollen. Bekanntermaßen ist das eine Kunst, die niemand beherrscht. Es ist nicht Ihre Aufgabe, sich der neuen Gruppe vollständig unterzuordnen, Ihre eigene Meinung ständig über Bord zu werfen und nur noch für die anderen zu leben. Zwar sollen Sie als Neuling in der Gruppe genau beobachten und sich nicht unnötigerweise Feinde machen. Das heißt jedoch nicht, dass Sie immer den Weg des geringsten Widerstands gehen sollen. Es kommt in Ihrer Anfangsphase mehr denn je darauf an, dass Sie darauf achten, *wie* Sie die Dinge sagen, wenn Sie Ihre Einschätzung kundtun. Andernfalls werden Sie zur profillosen Teamnummer auf zwei Beinen mutieren, die kein Team bereichern kann und dementsprechend keine selbstständige Rolle darin einnehmen wird.

Rollenverteilung

Innerhalb eines Teams müssen Sie Ihre eigene Rolle suchen und finden. Wird ein Team komplett neu zusammengestellt, können die Mitglieder die Aufgaben so lange neu verteilen, bis sich eine Struktur bewährt. Anders sieht es aus, wenn ein neues Teammitglied Einzug hält: Neuzugänge in Teams haben es manchmal schwer, Zugang zu einer vermeintlich gut funktionierenden und eingeschworenen Gemeinschaft zu finden. Es werden ihnen gelegentlich Stolpersteine in den Weg gelegt, die von Fehlinformationen über Zurückhaltung wesentlicher Details bis hin zur persönlichen Ablehnung reichen können. Eine solche Entwicklung sollten Sie nicht unterschätzen: Einmal aufgebaute Fronten sind nur mühsam wieder einzureißen und führen häufig zu einer Haltung, die Leistung verhindert, Frust aufbaut und letztlich der Sache und dem Einzelnen nicht dienlich ist.

In solchen Situationen sollte frau einen klaren Kopf behalten und zügig eine Aussprache suchen. Auch das fällt Neulingen verständlicherweise schwer. Zum einen, weil es ein natürlicher Impuls ist, das komische Gefühl beiseite zu schieben und einfach weiter sein Bestes zu geben. Zum andern befürchtet frau, eine Reaktion loszutreten, die im Nachhinein nicht mehr korrigierbar ist. Dennoch ist die Flucht nach vorn der beste Weg, um ein erfolgreiches Arbeiten sicherzustellen, und der einzige Weg, die vermeintlich dicke Luft aufzulösen.

z.B. Sprechen Sie die betroffene Person unter vier Augen an und fragen Sie, ob Sie etwas falsch gemacht haben: „Frau Maier, haben Sie ein paar Minuten Zeit für mich? Mir ist es sehr wichtig, mich in diesem Team zu bewähren und einzubringen. Ich habe das Gefühl, dass Sie mit meinen Ergebnissen bei der gestrigen Besprechung nicht ganz zufrieden gewesen sind. Gern würde ich den Grund erfahren um in Zukunft besser handeln zu können ..."

Achten Sie darauf, dass Sie keine Unterstellungen formulieren. Vermeiden Sie definitive Aussagen wie: „Sie waren gestern ungehalten", „Sie waren unzufrieden", „Sie mögen mich nicht". Damit lösen Sie in Windeseile einen Konflikt aus, weil Sie der Kollegin etwas unterstellt haben, das womöglich gar nicht so ist und nicht in ihrer Absicht lag. Besser ist daher eine Formulierung wie „Ich habe den Eindruck ... / Ich habe das Gefühl ...". Damit liegt die Einschätzung der Situation auf Ihrer Seite und der andere kann Sie leicht vom Gegenteil überzeugen, ohne sich selbst rechtfertigen zu müssen.

So werden Sie bald in ein Team integriert

Insgesamt bekommen Sie schnell Zugang zu den neuen Teammitgliedern und Kollegen, wenn Sie ...

- ❑ sich aufgeschlossen zeigen und Informationen über sich preisgeben:
  Dazu gehört, dass Sie in der Lage sind, über sich zu sprechen. Zum Beispiel, wo Sie früher gearbeitet haben, aus welcher Stadt Sie kommen und welche Interessen Sie haben. Dadurch geben Sie den neuen Kollegen die Möglichkeit, sich ein Bild von Ihnen zu machen. Erfahrungsgemäß sind nämlich nicht

nur die Neulinge unsicher – auch die alteingesessenen Kollegen wissen nicht, wen sie vor sich haben und wie sie mit dem Neuzugang umgehen sollen.

- ❑ auf andere zugehen und sich selbst vorstellen können:
  Gut, wenn Sie die wichtigsten Elemente der Begrüßungsrituale kennen und sich selbst vorstellen können. Zum Beispiel folgendermaßen: „Hallo, ich glaube, wir kennen uns noch nicht. Ich bin Sabine Müller aus der Marketingabteilung – die Neue, die jetzt öfter kommt, sozusagen …" Ein kleiner Schuss Humor schadet nicht, sondern lockert die Situation auf angenehme Art und Weise auf.
- ❑ die Grundsätze des Smalltalks beherrschen:
  Suchen Sie sich für Ihr Gespräch Themen, die Sie mit den anderen verbinden. Das ist natürlich in erster Linie das Unternehmen und seine Gegebenheiten. Sprechen Sie nur über positive Themen, das schafft eine gute Gesprächsatmosphäre.
- ❑ sich interessiert an den Leistungen und Meinungen der anderen zeigen:
  Vergessen Sie nie, die Leistungen der Vergangenheit zu würdigen. Fragen Sie die neuen Kollegen nach ihren Aufgaben und zeigen Sie Interesse an deren Informationen.
- ❑ Fachwissen mit Fingerspitzengefühl einbringen:
  Sprinten Sie nie mit Ihrem Fachwissen mit voller Kraft voraus. Wenn Sie entsprechende Vorschläge einbringen möchten, dann nur mit der nötigen Sensibilität. Machen Sie sich nicht den Platzhirsch zum Gegner und formulieren Sie Ihren Vorschlag nicht als Aussage, sondern als Frage.

Knüpfen Sie Netzwerke

Wenn Sie sich einmal die Klatsch-und-Tratsch-Seiten einer Illustrierten ansehen, wird Ihnen auffallen, dass sich Prominente immer mit Prominenten treffen und dadurch prominent sind. Hört sich kompliziert an? Ist es eigentlich gar nicht. Je eher Sie sich über diesen Aufbau sozialer Vernetzungen informieren, umso besser für

Sie. Denn: Kaum jemand, der beruflich sehr erfolgreich ist, hätte dies ohne „Beziehungen“ geschafft. Jetzt mögen Sie einwenden, dass ein Mensch mit Potenzial und Wissen es immer weit bringen wird. Vielleicht ja, vielleicht aber erst einige Jahre später – oder nie?

Seien Sie sich darüber bewusst, dass Netzwerke einen immer höheren Stellenwert in der beruflichen Gesellschaft erringen. Sie denken, dass Sie kein eigenes Karrierenetzwerk haben? Irrtum, jetzt haben Sie eins, es ist vielleicht noch nicht sehr groß und arbeitet noch nicht richtig für Sie, aber Sie haben jetzt ein Karrierenetzwerk. Fangen Sie einfach an, dieses Netzwerk ab sofort zu pflegen und kontinuierlich auszubauen. Um auf der Suche nach Ihren Kontakten fündig zu werden, eignen sich folgende Fragen:

- ❑ Welche beruflichen und privaten Kontakte haben Sie, die Ihnen in der jetzigen Phase weiterhelfen können?
- ❑ Haben Sie noch Kontakt zu ehemaligen Schulkameraden, Kollegen oder Chefs?
- ❑ Haben Sie in den vergangenen Jahren Trainer oder Berater kennengelernt, die über gute Kontakte verfügen?
- ❑ Wissen Ihre Freunde und Bekannten, dass Sie sich beruflich neu orientiert haben?
- ❑ Wie sind Ihre innerbetrieblichen neuen Kontakte? Können Sie zu manchen Personen Beziehungen aufbauen, die über ein neutrales Arbeitsverhältnis hinausgehen?

Ein gutes Netzwerk besteht immer aus Geben und Nehmen. Daher sollten beide Kontaktpartner bereit sein, den anderen zu unterstützen und ihm behilflich zu sein. Dann hat ein Netzwerk viele Vorteile:

Zugang zu Informationen

Geben und Nehmen im Netzwerk

Über ein Netzwerk bekommen Sie weitaus besser Zugang zu interessanten Informationen. Allein die Tatsache, dass sich die beiden Partner in ein und demselben Kontaktnetzwerk befinden, verbindet miteinander und schafft eine gemeinsame Basis. Daraus erwächst dann die Bereitschaft, dem Partner entsprechende Informationen zukommen zu lassen. Dies gilt natürlich umso mehr, je besser Sie Ihr Netzwerk pflegen. Hüten Sie sich davor, nur dann auf den anderen zuzugehen, wenn Sie etwas von ihm wollen. Kleine Geschenke erhalten die Freundschaft – regelmäßige Nachrichten halten ein Netzwerk am Leben.

Kontakte machen den Weg frei

Je besser Ihre Kontakte sind, umso besser können diese Sie auch in schwierigen Situationen unterstützen. Der Zugang zu wichtigen Ansprechpartnern über ein Netzwerk ist informeller und dadurch schneller.

Sicherheit vor Intrigen

Die richtigen Kontakte schützen Sie auch vor den gemeinen Tricks der Kollegen, von Mobbing bis hin zu anderen Intrigen. Wenn Sie ein starkes Netzwerk im Rücken haben, wird man sich hüten, sich mit Ihnen anzulegen.

Tipp

Beim Aufbau eines eigenen Kontaktnetzwerkes sind Ihnen die folgenden Tipps behilflich:

- Merken Sie sich den Namen von jedem Gesprächspartner
  Es gefällt anderen Menschen, wenn man sich an sie erinnert. Das schafft Vertrauen. Notieren Sie sich die Namen in Ihr Merkbuch oder legen Sie eine eigene Networking-Fibel an.
- Bleiben Sie natürlich
  Bringen Sie Ihre Persönlichkeit ehrlich ein. Sagen Sie nur, was Sie auch meinen. Fangen Sie nicht an, jemandem „nach dem Mund" zu reden. Letztendlich wird man Sie für Ihren wahren Charakter und Ihre Persönlichkeit schätzen lernen.

- ❑ Achten Sie die Meinung des anderen
  Erwecken Sie nie den Eindruck, Sie wüssten alles besser. Versuchen Sie vielmehr, von anderen zu lernen.
- ❑ Helfen Sie anderen
  Bieten Sie Ihre Hilfe an. So kommen Sie auf elegante Art und Weise mit jemandem in Kontakt. Und letztlich helfen Sie damit vielleicht auch sich selbst.
- ❑ Hören Sie aktiv zu und fragen Sie nach
  Nichts ist unangenehmer, als wenn man das Gefühl bekommt, einem würde nicht zugehört werden. Die meisten Menschen finden es aufmerksam, wenn Sie bei Erzählungen nachfragen und dadurch echtes Interesse signalisieren.
- ❑ Der erste Eindruck zählt
  Seien Sie aufgeschlossen, freundlich und umgänglich. Machen Sie es dem anderen leicht, mit Ihnen zu reden und umzugehen. Lernen Sie Smalltalk zu betreiben und bleiben Sie immer freundlich.
- ❑ Reden Sie nicht dauernd über Ihre Erfolge
  Lassen Sie den anderen Ihre Vorzüge selber entdecken. Allerdings dürfen Sie ruhig davon erzählen, was Sie beruflich tun und wie interessant Ihre neuen Aufgaben sind. Schließlich sollte Ihr Gesprächspartner wissen, in welcher Beziehung er Ihnen womöglich helfen könnte.
- ❑ Glauben Sie an die wichtigste goldene zwischenmenschliche Regel: Das Gute, das ich anderen tue, kommt zu mir zurück.

Liebe im Büro: Lust oder Frust?

Liebe im Büro hat Brisanz: Vor noch nicht allzu langer Zeit musste Boeing-Chef Stonecipher seinen Arbeitsplatz räumen, nachdem seine Affäre mit einer Mitarbeiterin bekannt wurde. Und der weltgrößte Einzelhändler Wal-Mart untersagte seinen Arbeitnehmern, mit einem Mitarbeiter auszugehen oder „in Liebesbeziehung zu treten“, sofern die Arbeitsbedingungen beeinflusst werden können.

Tatsache ist, dass sich jede dritte Ehe am Arbeitsplatz anbahnt – ernsthafte Bürolieben sind also keine Seltenheit mehr. Die Zeiten sind vorbei, in denen Arbeitskollegen meilenweit Distanz hielten, obwohl jeder wusste, dass nicht nur der Arbeitsplatz, sondern auch privat Tisch und Bett geteilt wurden. Und selbst wenn Bürolieben scheitern, dann meist aus dem gleichen Grund wie im reinen Privatleben auch: Man passt einfach nicht zusammen.

Vergessen wird trotz aller Hürden oft, dass eine Beziehung am Arbeitsplatz positive Aspekte mit sich bringt, denn glückliche Mitarbeiter sind motivierter. Arbeitsklima, Kommunikation, Teamarbeit, Kreativität und Motivation werden angeregt. Das wirkt sich auch positiv auf Außenstehende aus, sofern bestimmte Spielregeln berücksichtigt werden.

A propos Spielregeln: Was für zwei Verliebte äußerst romantisch ist, kann auf Außenstehende natürlich indiskret und unprofessionell wirken. Hat frau sich für eine solche Beziehung entschieden, so sollte sie nicht in Geheimniskrämerei versinken, sondern den Kollegen und Vorgesetzten reinen Wein einschenken. Tut sie das nicht, besteht die Gefahr, die Gerüchteküche anzuheizen und bei den Kollegen im schlimmsten Fall sogar das Gefühl zu hinterlassen, belogen worden zu sein.

Dabei sollte eines jedoch klar sein: Wird der Arbeitsplatz betreten, ist professionelles Verhalten gefragt. Das bedeutet nicht, dass jeder Kontakt zum Partner vermieden werden soll. Doch wer ein allzu vertrautes Verhalten an den Tag legt, grenzt Kollegen aus und gefährdet sein Ansehen im Unternehmen.

Kein Handeln ohne Folgen: Schwierig wird es immer dann, wenn eine Liebes- und Arbeitsbeziehung zerbricht. Frau sollte daher die weitreichenden Folgen bedenken, die eine Beziehung am Arbeitsplatz mit sich bringt. Sofern eine private Trennung folgt, kann der tägliche Umgang miteinander zur Last werden. Ein Wechsel in eine

andere Abteilung oder ein anderes Unternehmen wird dann für einen der beiden Beteiligten meist unumgänglich sein.
Als Neueinsteigerin sollten Sie sich auch in dieser „Beziehung“ an die Devise „beobachten und zurückhalten“ erinnern. Sie haben ohnehin jede Menge zu tun, um die neuen Arbeitspakete in den Griff zu bekommen. Wollen Sie sich da wirklich noch auf eine Beziehung am Arbeitsplatz einlassen und es umso schwieriger machen, sich einen guten Ruf zu erarbeiten? Denken Sie daran, dass der erste Eindruck manchmal falsch ist: Wer Ihnen in den ersten Tagen als romantischer Traummann erscheint, entpuppt sich nach einiger Zeit womöglich als notorischer Schürzenjäger. Während er weiterjagt und Eroberungen sammelt, müssen Sie mit dem Etikett der abgelegten Frau leben.

Konfliktmanagement: Konflikte diplomatisch meistern

Konflikte arten häufig in Mobbing aus

Wie bitte? Sie sind nach allen Regeln der Kunst vorgegangen, haben sich vorsichtig den Kollegen genähert und sind jetzt trotzdem irgendwie und irgendwo in Ungnade gefallen? Dann ganz schnell raus mit der Sprache und hin zur Konfliktklärung! Zwar kommen Konflikte in den besten Familien und Unternehmen vor, sie können unbewältigt aber auch der Beginn einer Hölle namens Büroleben sein. Seien Sie sich darüber bewusst, dass Sie als Frau und Jobeinsteiger statistisch gesehen gute Chancen haben, zum Opfer einer Mobbing-Kampagne zu werden. Mobbing hat regelmäßig seine Ursache in einem unausgetragenen Konflikt, der weiterschwelt und schließlich in gemeinen Mobbing-Aktivitäten und dem Ausstoß eines Mitarbeiters aus dem Kollegenkreis endet. Umso wichtiger ist es, einen Konflikt nicht feige zur Seite zu schieben, sondern als Frau seinen Mann zu stehen und im klärenden Gespräch wieder alles in geordnete Bahnen zu lenken.
Es ist natürlich vollkommen normal, dass es zu Schwierigkeiten kommt, wenn Menschen zusammenleben oder miteinander arbeiten. Aufgrund der unterschiedlichsten Persönlichkeitsstrukturen ist es unvermeidbar, dass es hin und wieder zu einem großen

„Knall“ kommt. Konflikte müssen nicht das Ende einer guten Beziehung zum Kollegen sein, sondern stellen sich oftmals als reinigendes Gewitter heraus. Immer vorausgesetzt, Sie beachten zur Konfliktklärung einige Spielregeln. Um Konflikte auszutragen, bedarf es zunächst einer sorgfältigen Analyse der Situation. In jedem Konflikt gibt es zumeist drei Parteien: den Angegriffenen, den Angreifer und den Beobachter. Auch stecken in jeder Auseinandersetzung verschiedene Konfliktphasen. Je früher Sie klärend eingreifen, umso besser.

Erste Phase

Die erste Konfliktphase ist durch Verstimmung und Verärgerung gekennzeichnet.
Ihr Verhalten als Opfer: Stellen Sie sich zur Klärung der kritischen Situation folgende Fragen: Was bedrückt Sie genau? Wo genau verschlechtert sich die Beziehung zu einer der Personen im Arbeits- oder Lebensumfeld? Analysieren Sie Ihre Gefühle und betrachten Sie hierbei auch die anderen Akteure.
Wenn Sie Ihre eigene Position, Ihren eigenen Standpunkt überprüft haben, sollten Sie sich mit einer unbeteiligten Person besprechen, sofern Sie diese gewissenhaft ausgewählt haben. Durch ein solches Gespräch lernen Sie neutrale Beurteilungen und Einschätzungen kennen und können diese mit Ihrer eigenen Sichtweise ergänzen und vergleichen. Stellen Sie sich und dem Gesprächspartner folgende kritische Fragen: Ist das alles nur eine vorübergehende Schlechtwetterlage, ein persönliches Tief auf beiden oder nur auf einer Seite? Wenn Sie die kritische Situation durchdacht und durchgesprochen haben, können Sie Taten folgen lassen. In einem Gespräch mit dem Angreifer können Sie Lösungsvorschläge auf sachlicher Ebene sammeln. Treffen Sie darin Abmachungen und halten Sie sich daran. Zeigen Sie durch Ihr Verhalten, dass Sie alles sehr ernst nehmen und Ihnen eine Lösung der Spannungen sehr am Herzen liegt.
Ihr Verhalten als Angreiferin: Zunächst sind Sie als Täter noch im selbstkritischen, sich selbst hinterfragenden Stadium: Sie spüren,

dass etwas los ist. Sie haben möglicherweise jemanden brüskiert, verletzt oder bloßgestellt. Sie sind aktiv, Sie suchen noch nach Möglichkeiten, auf den anderen zuzugehen. Handeln ist Ihnen in dieser Phase wichtig. Sie nehmen die Sache in die Hand, stellen sich der Situation und können auf die Kollegen, den Chef oder den Abteilungsleiter zugehen. In einer zweiten Phase stehen Sie vor den Entscheidung, ob Sie auf die verletzte Person zugehen und sie ansprechen. Dann beweisen Sie, dass Sie die Person ernst nehmen und leisten aktives Verständnis. Zeigen Sie, dass Sie verstanden haben, worum es Ihrem Kollegen geht, und vereinbaren Sie nun, dass Sie entsprechend der gemeinsam erarbeiteten Lösung handeln werden.
Ihr Verhalten als Beobachterin: Sind sie neutral oder haben Sie Furcht, weil Sie die Nächste sein könnten? Hüten Sie sich davor, sich mit einer Partei zu identifizieren, und bleiben Sie unparteiisch. Als Neuling sollten Sie nicht Ihre Hilfe zur Konfliktklärung anbieten; das können ruhig die „alten Hasen“ tun, die schon fester im Sattel sitzen.

Zweite Phase

Die zweite Konfliktphase ist durch einen Schlagabtausch gekennzeichnet, weshalb es sich schon um einen offenen Konflikt handelt. Diese zweite Konfliktphase ist emotionaler, radikaler und von Abgrenzungen und Angriffen gleichermaßen geprägt. Kompromisse, Vereinbarungen und Abmachungen sind nicht mehr möglich. Es herrschen Misstrauen oder Furcht vor.
Ihr Verhalten als Opfer: Auch wenn sich Ihre Situation bereits so zugespitzt hat, stellen Sie sich zunächst reflektierende Fragen: Kennen Sie diese Situation schon von früheren Arbeitsplätzen, aus der Schule oder aus Ihrer Kindheit? Worum geht es wirklich? Welches sind die wahren Motive dieses Widerstreits? Versetzen Sie sich in die Rolle des Angreifers. Besprechen Sie sich mit allen neutralen Menschen, die es in Ihrem Umfeld gibt, holen Sie so viele Sichtweisen wie möglich ein. Erst danach gehen Sie auf den Gegner zu und fragen ihn trotz Schlagabtausch sachlich, was er von Ihnen

erwartet, und sagen, was Sie erwarten. Zeigen Sie ruhig Ihre Verletzung und igeln Sie sich nicht ein. Das wäre falscher Stolz und würde mehr Schwäche als Stärke zeigen.
Ihr Verhalten als Angreiferin: Je nachdem, ob Sie sich im Stadium des Schlagabtauschs befinden oder sich in den permanenten „Kampf" begeben haben, müssen Sie sich fragen: Welches sind Ihre wirklichen Motive? Ist die aggressive Auseinandersetzung notwendig? Was löst der oder die andere bei Ihnen aus? Was verärgert Sie so? Laufen hier Projektionen, Übertragungen ab?
Sie sind nun diejenige, die handeln, aufräumen und durch entsprechende Gespräche Klarheiten schaffen sollte.
Ihr Verhalten als Beobachterin: Auch hier ist die Gefahr, in den Konflikt hineingezogen zu werden, sehr groß. Vorsicht und Umsicht, ja Wachsamkeit, sind für Sie jetzt das Entscheidende. Noch ist der Konflikt zu lösen, also aktiv ins Positive zu wenden. Schwächen Sie die Konfrontation ab. Machen Sie den beiden Parteien deutlich, dass Sie diese Stufe der Verschärfung nicht gut finden. Bieten Sie sich aber nicht selbst als Vermittlerin an, sondern suchen Sie andere Kollegen für diese Funktion.

Dritte Phase

Die dritte Konfliktphase ist von regelrechten Vernichtungsschlägen gekennzeichnet.
Ihr Verhalten als Opfer: In dieser Phase ist Ihr Arbeitsplatz in Gefahr. Achten Sie beim Reflektieren auf folgende Punkte: Was würde ein Ausstieg aus diesem Arbeitsumfeld für Sie bedeuten? Welche Alternativen gibt es? Wer kann Ihnen bei einem Um- und Neueinstieg behilflich sein? Wie viel Kraft haben Sie noch? Lohnt sich ein Weiterkämpfen? Was kann man Ihnen noch alles antun, wo sind Sie noch verwundbar? Gibt es noch andere neutrale Personen, denen Sie als professionelle Schlichter und Vermittler vertrauen können?
Sprechen Sie jetzt mit sogenannten Konfliktmanagern und Teamentwicklern, die hoffentlich noch ein letztes Vermittlungsangebot unterbreiten können.

Ihr Verhalten als Angreiferin: Der Konflikt hat an Härte und Radikalität zugenommen. In dieser Phase sind Sie nur noch schwer in der Lage, Ihre Interessen fair zu vertreten. Es besteht die Gefahr, dass Sie vom „produktiv-positiven Täter“ zum „aggressiv-negativen Täter“ werden.
Stellen Sie sich folgende Fragen ganz bewusst: Was steckt hinter meinen Aggressionen? Bin ich verunsichert, habe ich Furcht, brauche ich Nebenkriegsschauplätze? Habe ich schon mal so etwas erlebt? Denken Sie immer auch an unnötige Konsequenzen, verlieren Sie nicht den Überblick, beherrschen Sie sich, den Gegner und die Situation. Jetzt benötigen Sie die Hilfe eines Kollegen oder Freundes, der zu Ihnen positiv, aber auch kritisch und distanziert eingestellt ist: Wie nimmt dieser die Situation wahr? Welche Positionen sind für ihn deutlich sichtbar? Suchen Sie unter Umständen professionelle Unterstützung: Schlichter, Vermittler, Konfliktmanager. Zeigen Sie, dass Sie sich über die Zuspitzung und Tiefe des Konflikts bewusst sind.
Ihr Verhalten als Beobachterin: Alle Vermittlungen durch Kollegen haben nun keinen Sinn mehr. Reden Sie mit den Menschen im beruflichen Umfeld und machen Sie auf das sich anbahnende zerstörerische Desaster aufmerksam. Helfen Sie dem hinzugezogenen professionellen Vertrauensmann. Zeigen Sie, dass Sie die Situation so nicht akzeptieren und gutheißen.

Gewusst wie: Ein gutes Verhältnis zu Vorgesetzten aufbauen

Der Chef entscheidet über Gedeih und Verderb

Ein gutes Verhältnis zum Vorgesetzten ist für Sie von großer Bedeutung. Denn Ihr Chef entscheidet über Gedeih oder Verderb im Unternehmen. Er kann Ihnen dabei helfen, das neue Aufgabengebiet zu erschließen, weist Ihnen Ihr Arbeitsgebiet zu und urteilt letztlich auch über Ihre Erfolge und den Verlauf Ihrer Probezeit. Dementsprechend ist er langfristig gesehen derjenige, der über interne Beförderungen entscheidet. Denn bevor Sie die Treppe nach oben steigen, wird regelmäßig der Vorgesetzte nach seiner Einschätzung der Situation befragt.

Gern sehen Neulinge den Chef als eine Art Gottesvater an, der sich nur manchmal in die weltlichen Niederungen herablässt, um Probleme zu lösen oder seine Weisheiten zum Besten zu geben. Direkt danach entschwindet er wieder in himmlische Sphären und wird eine Zeit lang nicht mehr gesehen. Mit dieser Einschätzung geht auch die Erwartung einher, dass der Vorgesetzte unfehlbar ist – sonst wäre er ja schließlich nicht der Chef. Tatsächlich muss Ihr Vorgesetzter in den letzten Jahren einige Dinge richtig gemacht haben. Aber ganz ehrlich, was bedeutet es schon, die richtigen Dinge richtig gemacht zu haben? Auch Sie haben im Laufe Ihres Berufslebens schon viele Dinge getan – und davon ebenfalls einige richtige Dinge richtig erledigt. Sonst wären Sie nicht kürzlich in einen neuen Job eingetreten. Aus eigener Erfahrung wissen Sie, dass Sie auch viele Dinge übernommen haben und auch in Zukunft tun werden, die besser hätten laufen können. Kein Mensch ist unfehlbar – Sie nicht und auch nicht Ihr Chef.

Bauen Sie zu Ihrem Chef ein „normales“ Verhältnis auf!

Das bedeutet also, dass es sich bei Ihrem Vorgesetzten keineswegs um eine göttliche Erscheinung handelt, die unantastbar ist. Nein, Ihr Chef ist genau wie Sie ein Mensch aus Fleisch und Blut, der auch mal Fehler macht. Noch dazu lasten neben den Erwartungen der Mitarbeiter auch die hohen Ansprüche des eigenen Vorgesetzten auf seinen Schultern und daneben noch viel zu viel Arbeit und zahlreiche Überstunden. Damit möchte ich Ihnen nicht sagen, dass Ihr Chef eigentlich ein bedauernswerter Mensch ist, mit dem Sie Mitleid haben und dem Sie zu seiner Entlastung am besten eine Sänfte bauen sollten. Stattdessen möchte ich Ihnen raten, zu Ihrem Chef ein *normales* Verhältnis aufzubauen. Ein normales Verhältnis, das nicht von stummer Ehrfurcht und Gehorsam Ihrerseits geprägt ist, sondern von gegenseitigem gesundem Respekt.

Von Kindesbeinen an wurde Ihnen vermutlich beigebracht, Autoritätspersonen zu „gehorchen". In zahlreichen Situationen erschien das selbstverständlich: Zum Beispiel gegenüber der Kindergärtnerin, der Lehrerin, dem Arzt, dem Pfarrer und nicht zuletzt auch gegenüber den eigenen Eltern und Großeltern. Jetzt sind Sie zwar definitiv erwachsen und haben sicher schon so manche Entscheidung getroffen, die Ihren Eltern nicht behagte. Und dennoch haben Sie nach wie vor eine flüsternde Stimme in Ihrem Kopf, die Ihnen sagt, dass Ihr Chef eine Autoritätsperson ist. Da er Macht über Sie hat, sollten Sie ihm besser nicht widersprechen und eine sichere Distanz wahren. So ist es auch kein Wunder, dass manche Mitarbeiter angeben, nur eine Stunde pro Jahr mit ihrem Chef unter vier Augen zu sprechen. Doch auch hier gilt die Devise, dass der Schlüssel zum Erfolg nicht Informationen, sondern Menschen sind. Es ist daher von außerordentlicher Bedeutung, dass Sie zu Ihrem Chef eine Beziehung aufbauen und ein entspanntes, offenes und konstruktives Verhältnis zueinander entwickeln.

Ein persönliche Beziehung zum Chef herstellen

Eine persönliche Beziehung zum Chef herzustellen hat nichts damit zu tun, sich anzubiedern, zu verstellen oder sonst wie krummzulegen. Außerdem ist das gute Verhältnis nicht nur einseitig Mittel zum Zweck. Denn letzten Endes liegt es im beiderseitigen Interesse, ein gesundes persönliches Verhältnis zu entwickeln:

- Gerade Frauen fühlen sich in einem Arbeitsumfeld umso wohler, je harmonischer die Umgebung und je besser der persönliche Draht nach oben ist. Für sie spielen nicht nur fachliche Komponenten, sondern auch Beziehungen eine entscheidende Rolle. Das zeigt sich unter anderem an ihrer Art zu kommunizieren.

- Dank eines persönlichen Kontakts steigen Sie die Karriereleiter schneller nach oben. Steht Ihr Chef vor der Wahl, einen von zwei qualifizierten Mitarbeitern zu befördern, so wählt er denjenigen, der ihm persönlich am nächsten steht.
- Je besser das Verhältnis zueinander, umso stärker werden Sie in fachlichen Fragen unterstützt, finden leichter Gehör und bekommen auch kurzfristig einen Gesprächstermin.
- Ohne ein gutes persönliches Verhältnis haben Sie es schwerer, Ihre fachlichen Resultate vom Vorgesetzten anerkannt zu bekommen. Ohne die entsprechenden Insider-Informationen ist es schwierig, gute Ergebnisse abzuliefern. Sollten Sie das schaffen, ist trotzdem nicht entscheidend, dass Ihre Arbeitsleistung objektiv hervorragend ist. Sie muss aus Sicht Ihres Vorgesetzten – also subjektiv – gut gelungen sein. Und je besser Ihr persönliches Verhältnis zum Chef, umso wohlwollender wird Ihre Arbeitsleistung beurteilt. Plötzlich werden sogar nur mittelmäßige Arbeiten in den Himmel gelobt, obwohl sie bei näherer Betrachtung fachlich so manche Defizite aufweisen.

Gute Beziehungen werden unter anderem dadurch geknüpft, dass Sie das Gespräch zu Ihrem Vorgesetzten suchen. Zum Beispiel indem Sie zwischen Tür und Angel ein bisschen Smalltalk betreiben und regelmäßig Feedback einholen.

Die Kunst des kleinen Gesprächs

Sie würden sich wundern, wenn Sie wüssten, wie viele Ihrer Kollegen das Smalltalk-Gespräch mit dem Chef fürchten und davor fliehen wie der Teufel vor dem Weihwasser. Schade, denn in diesen Gesprächen steckt eine tolle Chance, dezent auf sich aufmerksam zu machen und eine Beziehung zu pflegen. Die Gelegenheiten dafür sind zahlreich:

Wo können Sie Smalltalk betreiben?

- Eröffnen Sie das Gespräch im Aufzug, in der Küche, in Pausenzeiten bei Besprechungen, auf dem Flur etc.
- Wenn Sie am Büro des Chefs vorbeikommen und seine Tür offen steht, so bleiben Sie kurz im Türrahmen stehen (weiter ins Zimmer hinein gehen Sie nur auf ausdrückliche Einladung) und sagen ein paar freundliche und unverbindliche Worte.
- Lassen Sie Ihrem Chef einen interessanten Zeitungsartikel zukommen und sprechen Sie ihn bei nächster Gelegenheit auf die Inhalte an.
- Suchen Sie Ihren Chef gezielt auf, wenn dieser aus dem Urlaub oder von einer Geschäftsreise zurückkehrt, und heißen Sie ihn willkommen.

Seien Sie sich darüber bewusst, dass Ihr Chef gewohnt ist, von Mitarbeitern nur dann angesprochen zu werden, wenn etwas Formelles anliegt: Sei es die Frage nach der nächsten Gehaltserhöhung oder eine Leistungsbeurteilung. Auch weiß er aus Erfahrung, dass sich kurzfristige Ansprachen meist daraus ergeben, dass etwas schiefgegangen ist und er nun den Karren aus dem Dreck ziehen muss. Eignen Sie sich auf jeden Fall das Image an, dass Sie nicht nur mit schlechten Nachrichten aufwarten – umso größer ist die Freude, Sie zu sehen.
Gestalten Sie dazu passend Ihr Auftreten freundlich und unbedrohlich. Dazu gehören ein Lächeln und eine entspannte Körpersprache, eventuell verbunden mit der Frage: „Haben Sie kurz drei Minuten Zeit für mich?“ Selbst wenn Sie ein paar Minuten mehr plaudern, ist das in Ordnung. Nur sollte Ihr Chef nicht die Sorge haben müssen, für die nächste halbe Stunde ausgebucht zu sein, wenn Sie sich in seinem Büro ankündigen. Beginnen Sie ein Gespräch, müssen Sie auch etwas zu sagen haben. Als Gesprächsinhalte bieten sich je nach Situation allgemeine Themen (zum Beispiel im Aufzug, wo andere mithören) an oder spezielle Inhalte. Allesamt sollten aber leichte Kost und positiver Natur sein, dann macht es wirklich Spaß, sich mit Ihnen zu unterhalten.

Tipp

Warten Sie nicht darauf, dass Ihr Vorgesetzter von sich aus auf Sie zukommt. Sie sind nicht die einzige Mitarbeiterin, mit der er gerechterweise einen Plausch führen müsste. Wenn Ihr Chef nach einiger Zeit auch an Ihrer Tür stehen bleibt, haben Sie gewonnen – vorausgesetzt, es handelt sich um eine gute Nachricht!

Feedback geben und nehmen

Das Gespräch können Sie auch eröffnen, indem Sie aktiv Feedback für Ihre bisher gezeigten Leistungen einholen oder entsprechende Feedbackgelegenheiten nutzen, um über Ihre eigenen Eindrücke vom Unternehmen zu berichten. Meist setzt sich der Vorgesetzte sogar am Ende des ersten Arbeitstages und der ersten Arbeitswoche sowie nach dem ersten Monat mit Ihnen zusammen, um von Ihnen eine Rückmeldung zu bekommen und Ihnen seinen Eindruck zu schildern. Vergessen Sie beispielsweise nicht, sich nach Ihrem ersten Arbeitstag von Ihrem Vorgesetzten persönlich zu verabschieden. In vielen Fällen wird dieser Anlass noch zu einem Gedankenaustausch genutzt und Sie stellen sicher, dass der Chef Sie nicht in Ihrem Büro sucht, obwohl Sie schon längst den Heimweg angetreten haben. Werden Sie zu einem Feedback aufgefordert, so beachten Sie die folgenden Grundregeln:

Grundregeln für das Feedback

- ❑ Bereiten Sie sich auf Ihre Worte vor, damit Ihnen nichts Unüberlegtes herausrutscht.
- ❑ Berichten Sie über Ihre Empfindungen, Wünsche, Fortschritte, Ideen und auch Schwierigkeiten. Treffen Sie hier keine definitiven Aussagen, sondern machen Sie klar, dass es sich um einen persönlichen Eindruck und nicht zwingend um die einzige Wahrheit handelt.
- ❑ Zeigen Sie sich von Ihrer positiven Seite und bieten Sie bei Problemen auch schon erste Lösungen an.

- ❑ Haben Sie Wünsche oder Verbesserungspotenzial entdeckt, so zeigen Sie auf, warum diese nicht nur für Sie selbst, sondern für die ganze Firma Bedeutung haben.
- ❑ Haben Sie anerkennende Worte über die Kollegen parat, die Sie bei der Eingewöhnung unterstützen.
- ❑ Formulieren Sie Fragen „offen". Fragen Sie also nicht: Sind Sie mit meiner Arbeit zufrieden? Die Antwort darauf wird „Ja" oder „Nein" lauten und in keinem Fall eine befriedigende Auskunft sein. Fragen Sie stattdessen: Wie sind Sie mit meiner Arbeit zufrieden? Was erwarten Sie von mir? Wie kann ich mich verhalten, damit ...?
- ❑ Überlegen Sie, wie Sie mit Kritik umgehen wollen, die sich an Sie richtet. Obwohl Kritik eigentlich ein wertneutrales Wort ist und sowohl Lob als auch Tadel meinen kann, verstehen wir darunter meist die negative Kritik im Hinblick auf unsere Leistungen oder Persönlichkeit. Frauen fällt es erfahrungsgemäß schwerer, mit Tadel umzugehen. Das ist verständlich: Im Gegensatz zu den männlichen Kollegen sehen sie in der Kritik eine Herabsetzung der Person und die Gefahr der Beziehungsverschlechterung zwischen den Parteien. Insbesondere die Beziehungsebene spielt für frau eine große Rolle; sie kommuniziert beziehungsorientiert und legt großen Wert auf ein harmonisches Umfeld. Jede Form der Negativ-Kritik erweist sich somit als Bedrohung der heilen Welt. Denken Sie daran, dass Kritik wichtig ist, um Fehler zu erkennen und sich weiterentwickeln zu können. Letzten Endes lernen Sie aus Fehlern und Kritik mehr als aus den Erfolgen und Schmeicheleien. Wenn Ihnen Kritik zugetragen wird, dann hören Sie in Ruhe zu und bedanken Sie sich für die Ehrlichkeit des anderen. Denn wer Ihnen offen, fair, sachlich und konstruktiv die Meinung sagt, ist Ihnen in der Regel wohlgesonnen. Anschließend denken Sie in Ruhe über die Worte nach und überlegen, was Sie in Zukunft verändern und besser machen können.

Den Chef mit fachlichen Leistungen begeistern

Es kommt nicht darauf an, dass Sie Ihren Chef beeindrucken. Empfindet Ihr Vorgesetzter Ihnen gegenüber Ehrfurcht, ist das nicht zwingend ein gutes Zeichen. Womöglich wittert er in Ihnen Gefahr und befürchtet, dass Sie ihm gefährlich werden und (un-) absichtlich an seinem Stuhl sägen. Vielmehr sollen Sie Ihren Chef mit Ihren Leistungen begeistern. Gute Beziehungen sind nur die halbe Miete – letztendlich müssen Sie auch beweisen, dass Sie über die erwartete fachliche Kompetenz verfügen. Sind Sie persönlich von Ihrem direkten Vorgesetzten eingestellt worden, dürfte Ihnen das anfangs leichter fallen, als vielleicht gedacht. Denn schließlich hat Ihr Vorgesetzter das Bedürfnis, sich und anderen zu beweisen, dass er mit Ihnen die richtige Wahl getroffen hat. Mit dementsprechendem Wohlwollen wird er Ihren fachlichen Leistungen begegnen, zumal Sie ja auch noch den Neuling-Bonus auf Ihrer Seite haben.

Die Bedürfnisse des Chefs erfüllen

Finden Sie bald heraus, was Ihr Vorgesetzter nicht sonderlich gern mag, aber ohne sich selbst ans Messer zu liefern. Auch hier können Sie eine ganze Menge durch Beobachten und Schlussfolgern erfahren. Jeder Jeck ist anders und jeder Chef auch. Ihr Vorgesetzter bekommt im wahrsten Sinne des Wortes einen dicken Hals, wenn jemand mit Verspätung zur Besprechung erscheint? Kein Problem für Sie – Ihr neues oberstes Gebot heißt ab sofort Pünktlichkeit. Ihr Chef wird laut, wenn ihn jemand unterbricht? Kein Problem – Sie lassen ihn ja ohnehin immer ausreden. Ihr Chef sieht es nicht gern, wenn jemand seinen Schreibtisch vor Feierabend nicht aufräumt? Kein Problem – Ihr Tisch ist blitzblank, wenn Sie den Heimweg antreten.
Andersherum wird aus der Sache natürlich auch ein Schuh: Finden Sie ebenfalls heraus, was Ihr Chef gern mag. Hat er stets ein lobendes Wort parat, wenn jemand eine freie Präsentation hält? Prima – das gehört neuerdings auch zu Ihren besonderen Vorlie-

ben. Ist Ihr Vorgesetzter ein Verfechter der „Büropolitik mit offenen Türen"? Prima – Ihre steht stets offen. Fängt Ihr Vorgesetzter pünktlich um 8 Uhr an zu arbeiten? Prima – Sie wollten ohnehin zur Frühaufsteherin werden. Insbesondere die Gewohnheit, die gleichen Arbeitszeiten wie der Vorgesetzte zu pflegen, bringt Sie den wichtigen Informationen in räumlicher und zeitlicher Sicht entscheidend näher.

Aus den Beobachtungen, was Ihr Chef besonders schätzt beziehungsweise überhaupt nicht leiden kann, können Sie Rückschlüsse auf seine Erwartungen ziehen. Wenn Sie es regelmäßig schaffen, diese Ansprüche zu erfüllen, werden Sie keinerlei Probleme haben, die Probezeit souverän zu meistern. Bedenken Sie: Selbst wenn Ihnen aufgrund der bloßen Beobachtungen bewusst ist, dass Sie eine Aufgabe zur Unzufriedenheit Ihres Chefs erfüllt haben, können Sie immer noch nachsteuern oder ihn darauf ansprechen, bevor er es wutentbrannt tut.

Aus Beobachtungen lernen

Um die weiteren Vorlieben Ihres Chefs herauszufinden, achten Sie auf die folgenden Eckpunkte:

- ❑ Wie handhabt der Vorgesetzte Mitarbeitergespräche? Nur nach Terminvereinbarung, spontan, wenn sich eine Lücke im Terminkalender ergibt, unter vier Augen, nur auf Ihre Anfrage oder auf seine Einladung hin?
- ❑ Wie sollen Sie dem Chef Informationen zutragen? Per E-Mail oder in Papierform, mündlich im persönlichen Gespräch oder per Telefon?
- ❑ Gibt der Vorgesetzte ausführliche Anweisungen oder bevorzugt er selbstständiges Arbeiten der Mitarbeiter?
- ❑ Steht ihm immer das erste Wort in Meetings zu oder überlässt er das je nach Ablaufplan auch den anderen?

Was eine gute Mitarbeiterin auszeichnet

Bedenken Sie, dass Ihr Vorgesetzter ja noch nicht besonders viel über Sie weiß, wenn Sie Ihre ersten Tage im neuen Unternehmen

verbringen. Genau wie Sie verspürt er auch Unsicherheiten und hofft, dass zwischen Ihnen alsbald eine gute Arbeitsatmosphäre herrscht, Sie zügig selbstständig arbeiten werden und seine Erwartungen erfüllen. Denn eine neue Mitarbeiterin ist immer auch ein Risiko für den Chef, der sie eingestellt hat. Wie fügt sie sich in den bestehenden Kollegenkreis? Hält ihr fachliches Wissen, was die Zeugnisse versprochen haben? Es liegt an Ihnen, Ihrem Chef zu beweisen, dass Sie das Vertrauen wert sind, das er Ihnen mit der Einstellung entgegengebracht hat.
Zeigen Sie vom ersten Tag an, dass Sie als Mitarbeiterin eine gute Wahl sind, indem Sie sich an die folgenden goldenen Regeln halten:

Informieren Sie

Halten Sie die goldenen Regeln ein!

Stellen Sie sicher, dass Ihr Vorgesetzter auf dem Laufenden ist und weiß, was vorgeht. Hat er Sie mit der Erledigung einer Sache beauftragt, teilen Sie ihm unverzüglich mit, wenn Sie diese Aufgabe abgeschlossen haben. Erwerben Sie sich so den Ruf, dass man die Dinge als erfolgreich erledigt betrachten kann, wenn man sie Ihnen übertragen hat.

Seien Sie verlässlich

Dieser Punkt geht mit dem oben genannten einher. Halten Sie Ihre Versprechen stets zuverlässig und pünktlich ein und arbeiten Sie dennoch sorgfältig. Da Sie in der Anfangsphase viele Aufgaben zu bewältigen haben, sollten Sie zurückhaltend damit sein, sich freiwillig für weitere Arbeitspakete zu melden. Eventuell können Sie dann diese Imagekriterien nicht mehr erfüllen.

Seien Sie ehrlich

Nun gut, wenn Sie in Wirklichkeit ein Aufräum-Muffel sind, müssen Sie das dem Chef nicht auf die Nase binden, indem Sie Ihren Schreibtisch im Chaos versinken lassen. Die Wahrheit tut aber not, wenn es beispielsweise um die Einschätzung der ersten Arbeitstage geht oder wenn Sie der Meinung sind, dass ein Projekt in die falsche Richtung läuft.

Seien Sie Problemlöser

Klar haben Sie in den ersten Wochen viel zu tun und selbstverständlich werden Ihnen auch mal Zweifel an der eigenen Qualifikation oder den Arbeitsaufgaben kommen. Hüten Sie sich trotzdem davor, bei der erstbesten Gelegenheit reichlich Bedenken zu äußern und notorisch schwarzzusehen. Selbst wenn es Schwierigkeiten geben sollte, zeigen Sie sich als Problemlöser und nicht als Bedenkenträger. Erarbeiten Sie mehrere Lösungswege für diese Hürden und trauen Sie sich, einen davon zu empfehlen.

Leisten Sie gute Arbeit

Beziehen Sie in diese Betrachtung Ihre eigenen Maßstäbe und die Ihres Vorgesetzten mit ein. Der Autor Jürgen Lürssen formuliert das folgendermaßen: „Nur wenn Sie die Erwartungen Ihres Chefs erfüllen, sind Sie für ihn ein guter Mitarbeiter."

Lassen Sie Ihren Chef gut dastehen

Machen wir uns nichts vor, es wird Tage geben, an denen würden Sie den „da oben" am liebsten auf den Mond schießen. Aber solche Empfindungen sollten Sie tunlichst für sich behalten. Keinesfalls äußern Sie kritische oder sogar unsachliche Bemerkungen gegenüber anderen Kollegen oder Vorgesetzten. Das entscheidende Stichwort heißt in diesem Zusammenhang „Loyalität".
Zu dem Bestreben, den Chef gut dastehen zu lassen, gehört auch, dass Sie ihm vor anderen Abteilungen oder Vorgesetzten nicht widersprechen. Nach außen hin müssen Sie als geschlossene Einheit auftreten. Halten Sie sich nicht an diese Regel, wird Ihrem Vorgesetzten nichts anderes übrig bleiben, als Ihnen über den Mund zu fahren und so seine Autorität unter Beweis zu stellen.

Ziehen Sie mit dem Vorgesetzten an einem Strang

Niemals dürfen Sie eine Entscheidung an Ihrem Chef vorbei erwirken, zum Beispiel weil Sie zufällig mit seinem Vorgesetzten geplaudert haben und er Ihnen eine Genehmigung erteilt hat, die sonst nur Ihr eigener Chef aussprechen dürfte. Das bedeutet, dass Sie alle Entscheidungen zunächst Ihrem Chef überlassen. Ob er sie dann weiterleitet, hängt von ihm beziehungsweise von den hierarchischen Regeln ab.

Frauen für Führungspositionen

Bei vielen Meetings auf Vorstandsebene müssen die Herren nicht warten, bis die Damen am Konferenztisch Platz genommen haben – es gibt schlicht und ergreifend keine. Frauen in Führungspositionen haben Seltenheitswert. Bundeskanzlerin Angela Merkel oder Frankfurts Oberbürgermeisterin Petra Roth bestätigen als Ausnahmen die Regel, nach der nur 16 Prozent der Führungskräfte in Deutschland weiblich sind.

Es stellt sich die Frage, warum nicht mehr Frauen in die oberen Etagen der Macht nachrücken beziehungsweise in der Vergangenheit nachgerückt sind. Sind es die Männer in den Unternehmen, die uns Frauen nicht „nach oben" lassen, weil sie die Konkurrenz fürchten? Hat die Politik einfach zu wenig getan, um Frauen in Führungsverantwortung zu bringen? Oder waren die Bemühungen der zahlreichen Verbände rückblickend nicht mehr als bloße Lippenbekenntnisse? Schön wäre es, wenn die Wahrheit so einfach und vor allen Dingen so bequem wäre.

„Eigentlich müsste es in Führungsetagen von Frauen nur so wimmeln!"

Leider (oder zum Glück) müssen wir Frauen uns an die eigene Nase fassen und uns die Frage gefallen lassen, ob wir die richtigen Dinge tun, um einen Führungsanspruch anzumelden. Prof. Dr. Sonja Bischoff forscht an der Universität Hamburg zum Thema „Männer und Frauen in Führungspositionen der Wirtschaft" und vertritt die Meinung: „Wenn die Arbeitgeber sich rational verhalten würden, müsste es in Führungsetagen von Frauen nur so wimmeln. Denn Frauen sind doppelt rentabel: Sie verdienen in vergleichbaren Positionen weniger und sie haben auch weniger Mitarbeiter. Es gibt aber doch noch zu viele Vorurteile gegenüber Frauen. Das häufigste

Karrierehindernis für Frauen sind nach wie vor die Vorurteile gegen das Frausein an sich.“ Auch die Management-Beraterin Karin Pape bestätigt, dass „trotz aller gesellschaftlichen Veränderungen in der Erziehung, Bildung und Lebensweise noch heute der Anspruch von Frauen auf eine Führungsrolle, auch wenn sie nachweislich die gleiche Leistung wie ein Mann erbracht haben, selten eine Selbstverständlichkeit ist“. Keine Selbstverständlichkeit aus Sicht der Unternehmen – und aus Sicht der Frauen mit Karrierepotenzial.

Gerecht oder ungerecht?

Doch warum ist die Situation so, wie sie ist? Die Ursachen sind vielfältig und individuell: Nicht selten lässt sich beobachten, dass sich Frauen im Vergleich zu den männlichen Kollegen schwertun, ihr Können und ihre Fähigkeiten treffend in Szene zu setzen. Ein Verhalten, das bedauerlich und unangemessen zugleich ist: Schließlich verfügt frau in fachlicher Hinsicht über ein Wissen, mit dem sie sich selbstbewusst an den Kollegen messen lassen könnte. Es ist hinreichend bekannt, dass Mädchen schon in der Schule über durchschnittlich bessere Noten verfügen und auch in Ausbildung und Studium die besseren Leistungen zeigen. Sobald jedoch die Ergebnisse mangels vergleichbarer Schulnoten „schwarz auf weiß“ nicht mehr eindeutig messbar sind, fallen Frauen zurück – obwohl sie auch im Berufsleben über hohes fachliches Wissen verfügen. Die Art und Weise jedoch, wie sie ihr Umfeld auf dieses Know-how aufmerksam machen, ist, vorsichtig ausgedrückt, suboptimal. Die Kollegen hingegen haben damit weit weniger Probleme und klettern dank perfekter Selbstdarstellung die Karriereleiter empor, obwohl sie oft nicht einmal über gleich gute Qualifikationen verfügen. Wie ungerecht! Oder?

Stehen Sie sich selbst im Weg?

Nun ja, ganz so einfach mit „gerecht“ oder „ungerecht“ kann über die Situation nicht geurteilt werden. Denn selbst wenn der weniger qualifizierte Kollege befördert wird, so liegt dies nur selten daran, dass frau von den Vorgesetzten absichtlich ausgebremst oder übergangen wurde. Vielmehr stehen sich Frauen häufig selbst im Weg – und das leider sehr erfolgreich –, indem sie ihre Karriere nicht konsequent verfolgen oder diese nicht als eine realistische Option betrachten. Nicht zwingend ist das eine bewusste Entscheidung.

Wie Frauen sich selbst ausbremsen

- Macht zu haben ist für die meisten Frauen etwas Beängstigendes. Denn Macht macht einsam. Plötzlich steht frau allein auf weiter Flur, die Kollegen „von früher" ziehen sie nicht mehr in ihre Gespräche ein und gegenüber den Mitarbeitern ist Durchsetzungsvermögen und Entscheidungsfreude anstatt freundschaftlichem Miteinander gefragt. Für fast alle Frauen ein Problem: Während Männer dominanzorientiert kommunizieren, bevorzugen Frauen die Beziehungsebene. Während Männer sich gern kraft Hierarchie durchsetzen, wollen Frauen tagtäglich durch Leistung ihre Durchsetzungsberechtigung beweisen. Während es Männern eine Selbstverständlichkeit ist, über andere zu entscheiden und Befehle zu erteilen, wollen Frauen durch ein harmonisches Miteinander bewirken, dass alle an einem Strang ziehen.
- Frauen kennen die eigenen Stärken und Talente meist nicht gut genug. Mangels Kenntnis der eigenen Begabungen können sie diese auch nicht zielgerichtet einsetzen und Vorgesetzte darauf aufmerksam machen. Ihre Schwächen kennt frau dagegen meist übergenau; was nicht perfekt gelaufen ist, kommt für sie (fälschlicherweise) einer Niederlage gleich.
- Wer auf den Vergleich „fleißig wie die Bienen" gekommen ist, kann dabei eigentlich nur an die weibliche Belegschaft gedacht haben. Frauen neigen dazu, bewundernswert gründlich und gewissenhaft zu arbeiten – nur vergessen sie, dass das auch jemand außer ihnen bemerken sollte. Sollte sie trotz der guten Arbeit vom Vorgesetzten nicht entdeckt werden, so ist frau nach eigener Einschätzung einfach noch nicht genug Arbeitsbiene. Ihre Zurückhaltung in puncto Selbstdarstellung ist vielleicht bewundernswert, wird aber auf dem Karriereweg zum Verhängnis.

- Zwar gibt es auch immer mehr Männer, die sich der Familie intensiv widmen und sogar für die Erziehung der Kinder eine Auszeit vom Beruf nehmen. Dennoch sehen sich Frauen familiär am stärksten in der Verantwortung – ganz unabhängig von der (zu geringen) Zahl der Kindertagesstätten. So hat ein ausgewogenes Verhältnis im Bereich Work-Life-Balance für Frauen einen hohen Stellenwert. Nicht selten lehnen sie Beförderungen ab, da mit einer höheren Position längere Arbeitszeiten, mehr Verantwortung und weniger Zeit für die Familie einhergehen. Gern wird in diesem Zusammenhang auch vom „Karriereknick Kinder" gesprochen. Mütter in Führungspositionen sind wichtiges Potenzial für die Unternehmen und verfügen keineswegs über weniger Engagement oder Motivation, wenn sie sich aktiv für eine Führungsrolle entschieden haben. Dennoch erscheint der Preis, den frau zu Lasten der Familie zu zahlen hat, in vielen Fällen zu hoch.

Haben Sie das Zeug zur Karrierefrau?

Die Tatsache, dass sich Frauen oftmals ihrer Stärken nicht bewusst sind und diese scheinbaren Selbstverständlichkeiten für banal halten, hat im Herbst 2006 das schwedische Möbelhaus IKEA in einer Anzeigenstrecke charmant aufgegriffen. So fragte der Konzern: „Haben Sie das Zeug zur Karrierefrau?", setzte das übliche Durcheinander einer Handtasche in Szene und forderte interessierte Bewerberinnen auf, ihre Siebensachen zu packen und sich zu bewerben. Dabei wurden die einzelnen Gegenstände aus einer Damenhandtasche im Anzeigenmotiv genauer unter die Lupe genommen. Scheinbare Selbstverständlichkeiten wurden plötzlich zum Zeichen von eindeutiger Führungskompetenz, ganz alltägliche Dinge zum Sinnbild für karriererelevante und typisch weibliche Eigenschaften. Oder war Ihnen vorab bewusst, dass ein einfaches Taschentuch in Ihrer Tasche untrüglicher Hinweis auf Ihre Kritikfähigkeit ist? Oder dass ein angeknabberter Butterkeks Zeichen Ihrer Bescheidenheit ist? Darüber hinaus lassen sich in dem Sammelsurium die folgenden Gegenstände (und die damit verbundenen Eigenschaften) entdecken:

1. Butterkeks = Bescheidenheit
2. Mobiltelefon = Gute Sprachkenntnisse
3. Bonbon = Motivationsfähigkeit
4. Stofftier = Ausgeprägte Persönlichkeit
5. Nähset = Improvisationstalent
6. Kondom = Logisches Denken
7. Sicherheitsnadel = Hohe Leidensfähigkeit
8. Schnuller = Organisationstalent
9. Pfefferspray = Argumentationsvermögen
10. Taschentuch = Kritikfähigkeit
11. IkKEA Schraubendreher = Affinität zur schwedischen Kultur

Nicht dass die bezeichneten Eigenschaften aus der IKEA-Kampagne nur Wunschgedanken wären. Zwar sind Frauen nicht zwingend die besseren Führungspersönlichkeiten, aber sie verfügen über viele Eigenschaften, die führungsrelevant sind. Aufgrund ihrer ausgeprägten sozialen und kommunikativen Kompetenzen können Frauen anders führen als Männer. Sie können so führen, wie es die Arbeitswelt in Zukunft brauchen wird. Dabei wird es entscheidend darauf ankommen, dass Führungskräfte ...

Führungskräfte sollten ...

- ❑ Teams führen können: Fachkompetenz ist flüchtig und tritt bei der Besetzung von Führungspositionen in den Hintergrund. Zwar ist es noch wichtig, die Fachkompetenz anderer beurteilen und richtig einsetzen zu können; im Wesentlichen sind aber soziale Kompetenzen gefragt. Dazu gehören unter anderem die Fähigkeit zur Teamarbeit und Teamführung sowie die entsprechende Menschenkenntnis, gutes Motivationsvermögen und Organisationstalent.
- ❑ Netzwerke bilden und Beziehungen zu Mitarbeitern, Vorgesetzen, Kunden und Lieferanten aufbauen und pflegen können.

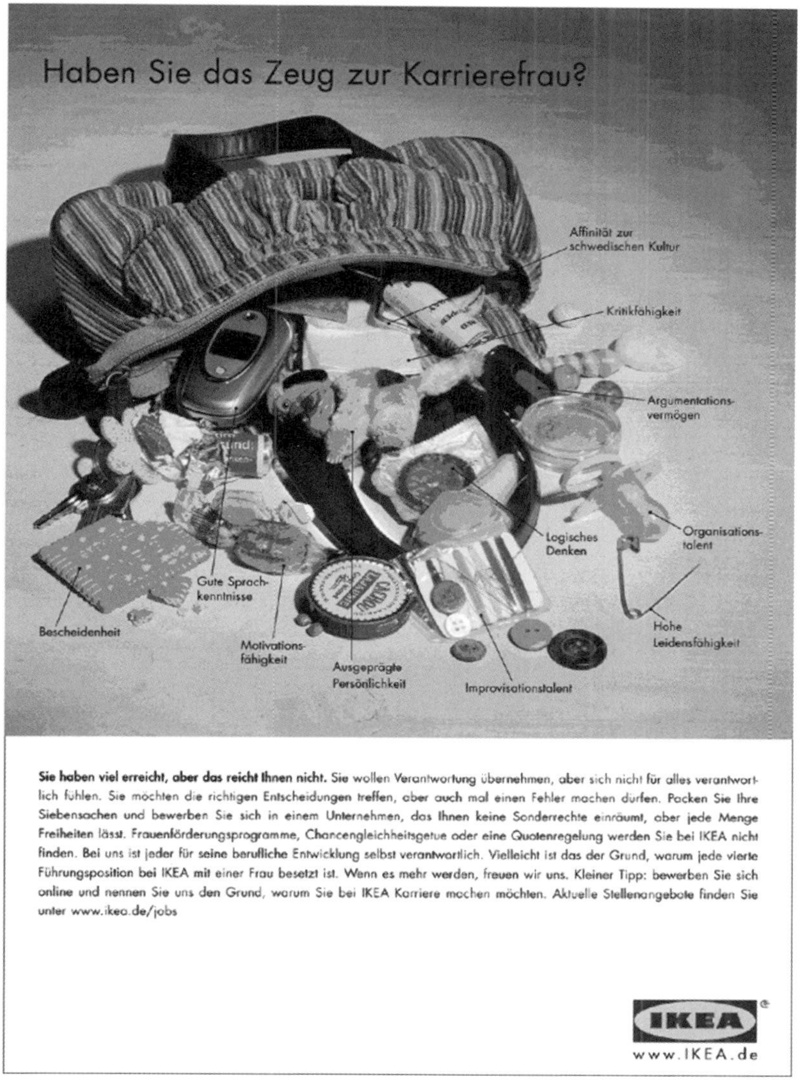

„Der richtige Mann?“ – „Die richtige Frau!“

Sieht frau sich einmal an, wie in der Vergangenheit in Unternehmen befördert und warum man in Führungspositionen gehoben wurde, so wird folgende Vorgehensweise deutlich: Wer bislang im Controlling gearbeitet hat und dort gut mit Zahlen umgehen konnte, der wurde dank seiner Arbeitsleistungen (und seiner Fähigkeit, auf diese Leistungen aufmerksam zu machen) auf den nächsthöheren Posten befördert.

Auf den ersten Blick erscheint das logisch: Wer gute Arbeitsergebnisse bringt, der hat sich den nächsten Karriereschritt schließlich redlich verdient. Auf den zweiten Blick erweist sich diese Vorgehensweise als nicht erfolgversprechend: Die höhere Karrierestufe geht meist damit einher, dass nicht nur die eigenen fachlichen Ergebnisse relevant sind, sondern auch Qualitäten in Mitarbeiterführung gefragt sind. Doch wer gut Freund mit Zahlen ist, ist es noch lange nicht mit Menschen. Nicht von ungefähr kommt daher das Sprichwort, dass jemand so lange befördert wird, bis er die Stufe seiner Inkompetenz erreicht hat. Diese Inkompetenz hat weniger etwas mit fachlichen Defiziten zu tun als vielmehr mit mangelndem sozialem Geschick und den Fähigkeiten, mit Menschen umzugehen sowie Mitarbeiter zu führen, zu fördern und zu fordern. So meint der Trend- und Zukunftsforscher Matthias Horx, dass wir „eine höhere weibliche Erwerbsbeteiligung brauchen, weil es eine bizarre Verschwendung wäre, die Talente und Potenziale der vielen gebildeten Frauen in der Erwerbswelt nicht zu nutzen“.

Den meisten Frauen fehlt die Lust zur Selbstinszenierung

Mit diesem Hintergrundwissen wird deutlich, warum sich Frauen häufig doppelt ungeschickt verhalten, wenn sie Führungsambitionen haben. Zum einen glauben sie, dass frau über die reine Fachkompetenz Aufmerksamkeit erlangt. Zum anderen erkennen sie nicht, dass frau über viel wesentlichere Fähigkeiten im Bereich der sozialen Kompetenzen verfügt, und setzen diese nicht ins rechte Licht. Es fehlt ihnen schlicht und ergreifend „die Lust und manchmal auch die Kompetenz zur Inszenierung. Sie haben als Mädchen gelernt, sich nicht in den Vordergrund zu spielen und eher bescheiden zu agieren. Allseits beliebt zu sein verträgt sich nicht mit einer ausgeprägten ichbezogenen Selbstdarstellung. Dabei bedeutet sich zu verkaufen nicht, sich anzubiedern oder anzugeben, sondern selbstsicher aufzutreten und die eigene Leistung sichtbar zu machen", so auch die Management-Beraterin Karin Pape.

Auch wenn es auf den ersten Blick nicht schön erscheint: Wer eine große Klappe hat, hat einen großen Nutzen. Immer vorausgesetzt, dass hinter der großen Klappe auch das entsprechende Können steht. Steht Ihr Vorgesetzter vor der Wahl, zwei Menschen mit ähnlicher Qualifikation zu befördern, so wählt er dafür denjenigen aus, der über mehr Selbstbewusstsein und die ausgeprägtere Fähigkeit zur Selbstdarstellung verfügt. Denn auch der Chef geht bei Beförderungen Risiken ein; Fehlbesetzungen werden ihm persönlich angekreidet und wirken sich negativ auf seine eigenen Karrierepläne aus: Der Chef möchte das Gefühl haben, den richtigen „Mann" ausgewählt zu haben. Derjenige, der ihm dieses Gefühl am glaubhaftesten aktiv vermittelt, hat gewonnen. Für Frauen kommt es daher entscheidend darauf an, sich über die eigenen Kompetenzen bewusst zu werden und diese besser in Szene zu setzen.

Werfen Sie Ihre Stärken in die Waagschale!

Liegt des Rätsels Lösung nun darin, eine Art „besseren Mann" zu geben, typisch männliche Eigenschaften zu adaptieren, um dann dementsprechend im maskulinen Rampenlicht zu stehen? In manchen Bereichen ist es intelligent, sich von den Männern bestimmte Verhaltensweisen abzugucken. So zum Beispiel, wenn frau körpersprachlich mehr Raum für sich in Anspruch nehmen und damit Autorität und Macht ausstrahlen will. Ein weniger gutes Vorbild ist dagegen ein Kollege, der dem anderen harsch über den Mund fährt oder Anweisungen zubellt. Zwar mag dieser damit noch erstaunlich weit kommen – diese Art und Weise der Kommunikation widerspricht aber völlig dem, was Frauen als Stärke in die Waagschale zu werfen haben: Insbesondere ihr kommunikatives

Geschick, ihre Empathie und sozialen Kompetenzen im Allgemeinen heben sie von den männlichen Kollegen ab und qualifizieren sie für Führungspositionen. In diesen Bereich lassen sie sich von niemandem etwas vormachen – außer vielleicht von einer Frau.
Wenn Sie über Führungsambitionen verfügen, so sollten Sie sich frühzeitig entscheiden, welches Bild Sie von sich im Unternehmen entwerfen. Sie werden kaum eine Chance haben, wenn Sie sich in den ersten Monaten als Mitläuferin etabliert haben und dann plötzlich mit Führungsambitionen durchstarten wollen. Schon beim Start in einem neuen Job kommt es darauf an, wie Sie sich positionieren und welches Image Sie in der Folge innehaben werden.

Tipp

- ❑ Zeigen Sie Präsenz. Arbeiten Sie nicht im Verborgenen, sondern machen Sie sich selbst und Ihre Arbeitsergebnisse sichtbar. Nutzen Sie Präsentationen und Meetings, um sich ins rechte Licht zu rücken, ohne sich zu beweihräuchern. Sie können sich dort guten Gewissens zeigen: Ihre Fachkompetenz steht dem Wissen der männlichen Kollegen in nichts nach. Nur das Darauf-aufmerksam-Machen könnte Sie etwas Übung kosten; eventuell sollten Sie die Hilfe eines Präsentations- oder Rhetoriktrainings in Anspruch nehmen.
- ❑ Überzeugen Sie durch Selbstbewusstsein und Selbstvertrauen. Sich seiner selbst bewusst zu sein, bedeutet auch, die eigenen Stärken und Schwächen zu kennen und zielgerichtet einsetzen zu können. Wer über ein gesundes Maß an Selbstvertrauen verfügt, der ist in der Lage, Entscheidungen zu treffen, und auch bereit, dafür Verantwortung zu übernehmen.
- ❑ Lernen Sie, Konflikte auszuhalten und auszutragen. Ein harmonisches Miteinander ist ohnehin nur Wunschdenken, das nicht der Realität entspricht. Der Anspruch, harmonisch miteinander umzugehen, ist prima – auf konfliktträchtige Situationen sollten Sie dennoch vorbereitet sein.

Persönliche Bilanz ziehen

Nach den ersten 100 Tagen im neuen Unternehmen ist es an der Zeit, eine persönliche Bilanz zu ziehen. Dafür stellen Sie sich Fragen wie folgende:

- ❑ Macht mir die Arbeit Spaß?
- ❑ Wie ist mein Verhältnis zu den Kollegen?
- ❑ Welche Beziehung habe ich zu meinem Vorgesetzten?
- ❑ Bin ich meinen Aufgaben fachlich gewachsen?
- ❑ Sehe ich persönliche und fachliche Entwicklungsmöglichkeiten?
- ❑ Was kann ich besonders gut? Worin sollte ich mich verbessern?

Natürlich gilt auch hier wieder, dass die Fragen am besten von Ihnen schriftlich beantwortet werden. Wenn Sie zu dem Ergebnis gelangen, dass alles prima läuft, gratulieren wir Ihnen herzlich! Sehen Sie Verbesserungspotenzial, so müssen Sie sich fragen, ob Sie in Eigenregie und ohne die Hilfe Dritter eine Änderung herbeiführen können. Falls das nicht der Fall ist, sprechen Sie Ihre Kollegen oder Ihren Vorgesetzten an und bitten Sie um Unterstützung. Es ist einfacher, nach 100 Tagen eine gemeinsame Änderung herbeizuführen, als erst nach Jahren den anderen zu offenbaren, dass frau noch nie so recht zufrieden gewesen ist.

Wenn der Traumjob keiner ist

Was, wenn sich der vermeintliche Traumjob als Weg erweist, der scheinbar geradewegs in die Hölle führt? Was, wenn alles ganz anders und vor allem schlechter läuft, als Sie es sich ausgemalt haben? Leider birgt jeder Stellenwechsel die Gefahr, dass die neue Stelle nicht dem entspricht, was frau erwartet hat, und sie nun unter- oder überfordert.

Gelegentliche Selbstzweifel sind völlig normal und dienen Ihnen sogar als Kompass, der Ihnen zeigt, welchen Weg Sie einschlagen sollten. Lösen sich diese Selbstzweifel aber nicht nach den ersten 100 Tagen langsam, aber sicher in Luft auf, so handelt es sich womöglich nicht mehr um ein vorübergehendes Phänomen, sondern um ernsthafte Bedenken. Bedenken gegenüber sich selbst, gegenüber dem neuen Umfeld und dem neuen Job.

Was können Sie zur Lösung des Problems beitragen?

Überlegen Sie sich in solchen Fällen genau, ob und wie Sie zur Lösung Ihres Problems beitragen können: Sollten Sie Ihre EDV-Kenntnisse auffrischen? Oder einen Sprachkurs besuchen? Haben Sie zu viele oder zu wenige Aufgaben? Je nach Sachlage müssen Sie im Feedback-Gespräch mit dem Vorgesetzten Ihre Schwierigkeiten zur Sprache bringen, denn Sie können diese nicht im Alleingang beheben. Sollte ein solches Gespräch anstehen, so bereiten Sie unbedingt sorgfältig Lösungsvorschläge vor, die Ihnen aus der Sackgasse helfen können.

Begehen Sie nicht den Fehler, sich die Sache einfach zu machen und anderen den schwarzen Peter zuzuschieben, wenn es im neuen Job nicht so gut läuft. Die Einarbeitungsphase ließ zu wünschen übrig? Die neuen Kollegen haben nichts mit Ihnen gemeinsam? Ihr Chef überträgt Ihnen zu viele Aufgaben? Verstehen Sie mich nicht falsch: Es kann sein, dass der hauptsächliche Grund für Ihre Probleme im Verhalten anderer liegt. Nur sollten Sie es sich nicht so leicht machen und das zum Anlass nehmen, sich bequem zurückzulehnen und abzuwarten, bis die Zeiten besser werden. Überlegen Sie sich auch in diesen Fällen, was Sie tun können, um eine Verbesserung der Situation herbeizuführen. Nur auf diese Art und Weise handeln Sie in Ihrem eigenen Interesse. Bedenken Sie, dass Sie diejenige sind, die während der Probezeit auf dem heißesten Stuhl sitzt. Sollte die Zusammenarbeit nicht klappen, ist es unwahrscheinlich, dass Kollegen der bestehenden Abteilung das Unternehmen verlassen. Viel eher wird man Ihnen die Gründe für die Schwierigkeiten zuschieben – ganz egal, ob das gerecht ist oder nicht. Zeigen Sie dagegen durch Ihr Handeln, dass Sie an einer Verbesserung der Situation interessiert sind, sieht die Lage deutlich rosiger aus.

Tipp

Keinesfalls sollten Sie vorschnell die Segel streichen, sich deprimiert hängen lassen oder mit dem Gedanken an einen erneuten Stellenwechsel spielen. Erst vor Kurzem hatten Sie noch gute Gründe zu glauben, dass diese neue Stelle eine tolle Chance ist:

- ❑ Warum haben Sie sich für diesen Job entschieden?
- ❑ Was sprach für diese neue Stelle?
- ❑ Warum haben Sie Ihren alten Job gekündigt und sich für einen Wechsel entschieden?
- ❑ Was hat Sie an der neuen Stelle gereizt: Gehalt, Aufstiegsmöglichkeiten, Arbeitszeiten, Flexibilität, Standort?
- ❑ Wiegt der neue Job mit all seinen guten Seiten (die gibt es auch!) die schlechten Seiten auf?
- ❑ Können Sie die Negativ-Punkte zugunsten der Positiv-Punkte minimieren?

Kündigen?

Eine Kündigung sollte unter Abwägung der Alternativen wohl überlegt werden. Könnten Sie in Ihren alten Job zurückkehren? Aber haben sich dort nicht auch die Verhältnisse mittlerweile geändert? Wie wird man Ihnen begegnen, wenn Sie nun mangels Erfolg zurückkommen? Wie leicht oder wie schwer würde es Ihnen fallen, einen neuen Job zu finden? Wie erklären Sie bei Vorstellungsgesprächen, dass Sie nach so kurzer Zeit schon wieder wechseln wollen und die Gründe dafür nicht in Ihrer Person liegen? Eine Kündigung ist also garantiert nicht der einfachste Weg, das Problem zu lösen – im Gegenteil: Oft fangen die Sorgen dann erst richtig an. Geben Sie sich also zunächst die Zeit, sich im neuen Job einzufinden und erfolgreich zu werden. Manchmal kommt es nämlich doch anders, als frau denkt – und sehr oft auch besser. In diesem Sinne: Toi, toi, toi!

Selbst- und Stressmanagement

Insbesondere als Neueinsteigerin sind Sie gefährdet, sich zu übernehmen. Überstunden gehören zum beruflichen Alltag, um sich umfassend einarbeiten zu können. Der tägliche Umgang mit fremden Gesichtern und neuen Erwartungen hilft auch nicht gerade, den Stresspegel zu senken. In der Folge droht Ihnen der Burnout aufgrund von innerer oder äußerer Überforderung. Burnout-Betroffene verfügen nicht über Mechanismen, ihre Probleme zu bewältigen, und fühlen sich ihrer inneren Kraft beraubt. Meistens wird Burnout von Stress begleitet und wirkt sich negativ auf Motivation, Einstellung und Verhalten aus.

Stress hat zwei Gesichter

Es gibt positiven und negativen Stress. Positiver Stress wird in der Fachsprache als Eustress und negativer als Disstress bezeichnet.

Eustress

Stress hat also auch seine guten Seiten. Ohne Stress gäbe es vermutlich kaum Erfolg. Eustress aktiviert nämlich die Lebensgeister, spornt zum Handeln und zur Bewegung an. Wer keinen Anforderungen ausgesetzt ist, der hängt herum, langweilt sich oder verfällt sogar in Depressionen. Eustress steht daher für Euphorie, Elan, Engagement und Energie und ist durchaus erstrebenswert. Selbst bei Extrembelastungen bleibt Stress Eustress, wenn man Spaß daran hat, eine Aufgabe zu bewältigen. Wer Freude empfindet, kann selbst große Herausforderungen lange Zeit durchstehen. Diesen Eustress werden Sie also hoffentlich möglichst lange beim Einstieg in Ihren neuen Job erleben: Begeisterung, Freude auf die bevorstehende Aufgabe und das Gefühl, zu einer neuen Gemeinschaft zu gehören.

Disstress

Stress hat aber auch seine Schattenseiten. Aus Eustress entwickelt sich manchmal Disstress, wenn frau sich überfordert fühlt. Dies ist der Fall, wenn Druck und ständige Anspannung nicht nachlassen und die Arbeit keinen Spaß mehr macht. Bleiben dann auch noch Erfolg und Anerkennung aus, dann zeigt der böse Stress sein wahres Gesicht. Je nach Veranlagung wirkt sich Stress sehr unterschiedlich aus, kann zum Burnout führen und ernsthaft krank machen.

Burnout erkennen und vermeiden

„Personen, die dem Burnout-Syndrom erliegen, ähneln den Leuten, die zwei Schachteln Zigaretten am Tag rauchen: Sie haben sich hundertprozentig eingeredet, dass es ihnen bestens gehe, danke der Nachfrage. Und die Schlaflosigkeit, die Erschöpfung, die Scheidung, der Alkoholkonsum, der Bluthochdruck? Hat doch nichts mit Ausgebranntsein zu tun ..." Mit diesen Worten beschreibt die Autorin Lona O`Connor die sichersten Hinweise darauf, dass der Burnout kurz bevorsteht.

Die aufreibende Sandwich-Position

Von Burnout ist das mittlere Management besonders bedroht. In dieser Position kann man dem Druck von oben ebenso wenig ausweichen wie dem Druck von unten, was an der sogenannten „Sandwich-Position" liegt. Burnout wird deshalb häufig auch als die „Managerkrankheit" bezeichnet. Als Ursache nennen Betroffene Zeitdruck und Zeitmangel, aber auch hohe psychische Belastungen. Die Angst, den Arbeitsplatz zu verlieren, spielt dabei eine große Rolle. Ähnliche Gedanken begleiten Sie auch während Ihrer Erprobungszeit.

Neben Managern trifft Burnout auch sehr oft Menschen, die in sozialen und helfenden Berufen arbeiten, wie Pädagogen, Erzieher, Ärzte und Altenpfleger. Angefangen bei Symptomen wie Erschöpfung und Müdigkeit zählen auch Angststörungen, Ohrensausen, Mutlosigkeit und Schlafstörungen zu den Warnsignalen, die frau unbedingt ernst nehmen sollte.

In Zeiten der wirtschaftlichen Flaute und Arbeitsplatzknappheit kann frau es sich nicht erlauben, sich überfordert zu fühlen, so die Meinung der Betroffenen. Frau hat einfach zu funktionieren und Höchstleistung zu erbringen. Erste Burnout-Symptome sind erkennbar, sobald die eigenen Leistungsgrenzen intensiv über einen längeren Zeitraum hinweg ausgereizt werden. Die Anzeichen sind

sehr unterschiedlich und zeigen sich bei jedem Menschen auf anderer Art und Weise.
„Nur“ stressige Phasen kennt jeder. Sie gehören schlichtweg zum Berufs- wie Privatleben dazu. Die wichtigste Frage in diesem Zusammenhang ist, wie lange diese Phasen jeweils andauern. Stress können Sie minimieren, indem Sie folgende Eckpunkte berücksichtigen:

So vermeiden Sie einen Burnout

- ❑ Überprüfen Sie Ihre Einstellung zur Arbeit. Setzen Sie sich realistische Ziele. Versuchen Sie, Ihre Arbeit sinnvoll zu organisieren und sie in kleine, überschaubare und realisierbare Arbeitspakete einzuteilen. Setzen Sie sich konkrete und realistische Termine für Projekte und Aufgaben.
- ❑ Stecken Sie sich anspruchsvolle Ziele, die Sie fordern. Dadurch erreichen Sie eine größere berufliche Zufriedenheit, die wiederum positive Auswirkungen auf Ihre Selbstzufriedenheit und Ihr Selbstwertgefühl hat.
- ❑ Bieten Sie sich als Neueinsteiger nicht freiwillig für weitere neue Aufgaben oder Arbeitspakete an, wenn Sie die Sorge haben, dass diese Ihre Leistungsfähigkeit übersteigen beziehungsweise Sie an Ihre Kapazitätsgrenzen stoßen.
- ❑ Nutzen Sie Ihre freie Zeit auch tatsächlich als freie Zeit, in der Sie sich um persönliche Interessen und Hobbys kümmern. Widerstehen Sie der Versuchung, Arbeit mit nach Hause zu nehmen und sie in Ihrer freien Zeit zu erledigen.
- ❑ Sport baut bekanntlich körperliche Spannungen ab. Doch nicht jeder Sport tut wirklich gut. Wichtig ist, dass der Sport zum Gestressten passt: Die Sportart, die Spaß macht und Wohlbefinden auslöst, sorgt für Entspannung. Verzichten Sie darauf, sich bei der sportlichen Betätigung selbst unter Leistungsdruck zu setzen. So verlängern Sie nur die Stresssituation in die Freizeit.
- ❑ Beschäftigen Sie sich in Ihrer Freizeit einmal mit etwas völlig anderem, das Sie noch nicht kennen. Praktische und kreative

Tätigkeiten sind ebenfalls hilfreich, um den Kopf von Gedanken frei zu bekommen, die um die Arbeit kreisen.

- ❑ Stress hat eine ansteckende Wirkung. Halten Sie sich deshalb besser fern von hektischen Menschen.
- ❑ Versuchen Sie nicht, alles allein zu machen, sondern vertrauen Sie auf Teamarbeit.

In manchen Situationen ist Stress lebensnotwendig, da er die Leistung steigert und die Konzentration fördert. Wissenschaftler haben herausgefunden, dass nicht nur eine gestresste Psyche negativ aufs Immunsystem wirkt, sondern auch umgekehrt ein überfordertes Immunsystem negativ auf die Psyche wirkt. Wie das funktioniert? Bestimmte Einheiten der Immunabwehr senden ständig Botenstoffe an das Gehirn, das sehr sensibel auf diese Signale reagiert. Gerade dann, wenn sie über einen längeren Zeitpunkt eintreffen. So passiert es, dass langwierige Infekte oder Allergien unsere Stimmung und Energien auf den Nullpunkt sinken lassen.

Arbeitsabläufe sinnvoll organisieren

Bereiten Sie jeden Tag schriftlich vor

Nun führen Sie ja schon ein Merkbuch, in dem Sie die wichtigsten Informationen festhalten. Dadurch lernen Sie anhand von Erfahrungen aus der Vergangenheit, können diese aber nicht mehr ändern. Faszinierender und abenteuerlicher ist es, das Drehbuch des bevorstehenden Tages zu schreiben und diesen damit dem Zufall zu entreißen. Nehmen Sie sich am Vorabend zehn Minuten Zeit, um den nächsten Tag schriftlich vorzubereiten! Durch jede Minute, die Sie für die Planung aufwenden, können Sie fünf bis zehn Minuten bei der Ausführung sparen. Und eins ist sicher: Der nächste Tag vergeht auf jeden Fall – ob Sie sich mit ihm bewusst auseinandersetzen oder ihn einfach an sich vorbeiziehen lassen.

To do

Stellen Sie alle Aufgaben zusammen, die Sie morgen erledigen wollen. Schätzen Sie hierfür, soweit möglich, den realistischen

Zeitbedarf der Aufgaben ab. Gerade weil Sie „neu im Geschäft“ sind, müssen Sie auch Pufferzeiten einplanen, sonst hinken Sie Ihrem Zeitplan bald hoffnungslos hinterher. Verplanen Sie deshalb maximal 60 Prozent Ihrer Arbeitszeit und reservieren Sie den Rest für unerwartete Aktivitäten und auftretende Probleme.

Prioritäten

Für Neulinge ist es dabei nicht ganz einfach, die Prioritäten in ihren Aufgaben zu entdecken. Doch genau diese müssen Sie schleunigst ausfindig machen und sich darauf konzentrieren.

Es ist also besser, die richtige Arbeit zu tun (Effektivität), als eine Arbeit richtig zu tun (Effizienz). Fragen Sie sich, welches Ihr wertvollster Beitrag für das Unternehmen und die Abteilung ist, und versehen Sie jede Aufgabe mit einer Priorität:

- ❑ A = Diese Aufgabe muss ich heute unbedingt erledigen. Sie ist für meinen persönlichen und beruflichen Erfolg äußerst wichtig.
- ❑ B = Ich sollte nach Möglichkeit diese Aufgabe heute erledigen.
- ❑ C = Ich kann diese Aufgabe noch erledigen, falls es meine Zeit erlaubt.

Stille Stunde

Wenn Sie nur für einen kurzen Augenblick von Ihrer momentanen Aufgabe abgelenkt werden, ist ein zusätzlicher Energie- und Zeitaufwand nötig, bis Sie an der gleichen Stelle anknüpfen können. Addiert man diese Leistungsverluste, so kann bis zu 28 Prozent Ihrer Zeit verloren gehen. Im Laufe der Jahre lernt man, ganz gut mit solchen Unterbrechungen zu leben – als Neuling dauert es umso länger, bis Sie sich wieder eingearbeitet haben. Möglicherweise gelingt es Ihnen, jeden Tag eine stille Stunde einzuplanen, in der Sie nicht gestört werden. Tragen Sie Ihre stille Stunde wie ein wichtiges Meeting in den Tagesplan Ihres Kalenders ein. Am besten wählen Sie dafür eine von Natur aus störarme Zeit. Konzentrieren Sie sich während Ihrer stillen Stunde ausschließlich auf wenige und wirklich wichtige A-Aufgaben.

Erfolg

Das Geheimnis wirklich erfolgreicher Sportler ist nicht nur die physische Fitness, sondern den Wettkampf auch mental im Griff zu haben. Programmieren Sie sich ebenso gezielt auf Erfolg. Folgende Fragen werden Ihnen dabei hilfreich sein:

- ❑ Was kann ich tun, um morgen möglichst viel Spaß und Freude zu haben?
- ❑ Wie kann mich dieser Tag meinen Zielen näher bringen?
- ❑ Mit wem werde ich morgen zusammenkommen?
- ❑ Wie stehe ich zu ihm/zu ihr?
- ❑ Wem könnte ich morgen eine Freude bereiten? Auch mir selbst? Wie?
- ❑ Welche Probleme oder Schwierigkeiten könnten auf mich zukommen? Und wie könnte ich diese lösen?

Highlights

Wenn Sie können, so geben Sie jedem Tag einen Höhepunkt. Um herauszufinden, welcher das sein kann, hier einige Schlüsselfragen:

- ❑ An welche Tage des letzten Monats können Sie sich noch gut erinnern?
- ❑ An welche Tage im vergangenen Jahr?
- ❑ An welche Tage in den letzten fünf Jahren?

Erfahrungsgemäß sind dies *merk*würdige Tage: Tage, an denen etwas Außergewöhnliches passiert ist – in negativer als auch in positiver Hinsicht. Seltsamerweise können die meisten Menschen auf diese Fragen keine zehn Tage anführen. Wundern Sie sich also nicht, falls es Ihnen ähnlich ergeht. Das ist völlig normal, aber vielleicht möchten Sie ja aufhören, normal zu sein? Denn beginnen Sie heute damit, jedem Tag in Ihrem Leben einen besonderen Wert beizumessen!

Beginnen Sie Ihren Tag in guter Stimmung. Wecker nicht gehört, verschlafen, Zug verpasst, zu spät im Büro angekommen ... Nicht gerade eine Garantie für einen tollen Start in den Tag. Probieren Sie es doch lieber mal anders: Freuen Sie sich auf den Tag, der vor Ihnen liegt, und nehmen Sie sich dafür schon zu Hause Zeit.

Hektik, die bereits zu Hause beginnt, setzt sich nämlich leider am Arbeitsplatz fort.

Arbeitsblöcke Fassen Sie gleichartige Aufgaben zu Arbeitsblöcken zusammen. Dies hat den Vorteil, dass Sie Ihre Arbeitsgänge nur einmal vorbereiten müssen und Tätigkeiten gleicher Art schnell erledigen können: zum Beispiel zehn Mal fünf Minuten Briefe schreiben. Ihre Arbeitsblöcke sollten hierbei nicht zu lang sein (maximal 30 bis 60 Minuten), da sonst beispielsweise Ihr Telefon ständig besetzt wäre und dies bei anderen Ungeduld erzeugen könnte.

Leertischler Wenn Ihr Schreibtisch mit Unterlagen überfüllt ist oder Ihr Posteingangsfach überquillt, können Sie sich nicht mehr auf das Wesentliche konzentrieren. Also werden Sie ein Leertischler.

Pausen Legen Sie kurze, aber regelmäßige Pausen ein. Medizinische Untersuchungen haben gezeigt, dass der beste Erholungswert nach etwa einer Stunde Arbeitszeit erzielt wird. Die Pause sollte nur bis zu zehn Minuten dauern – der optimale Erholungseffekt tritt nämlich in den ersten zehn Minuten ein. Entspannen Sie sich, indem Sie sich kurz bewegen (möglichst unter Sauerstoffzufuhr).

4 Elegant aufsteigen

Schon in den ersten Tagen im neuen Job legen Sie den Grundstein dafür, ob Ihre Probezeit erfolgreich verläuft, und präsentieren sich entweder als Ente oder als Adler. Weil Enten ihren Job pflichtgemäß erledigen, traut man ihnen keine höheren Positionen zu. Adler dagegen machen frühzeitig deutlich, dass sie zu Höherem berufen sind. Mit den folgenden Tipps setzen Sie rechtzeitig zu Höhenflügen an, ohne den Boden unter den Füßen zu verlieren.

Selbstmarketing: Tue Gutes und rede darüber

Natürlich ist es wichtig, dass Sie Ihre Aufgaben gut erledigen und die fachlichen Erwartungen erfüllen. Dadurch allein ist allerdings noch niemand die Karriereleiter emporgestiegen: Was nützt Ihnen die ganze gute Arbeit, wenn keiner Ihrer Vorgesetzten davon erfährt oder die Lorbeeren womöglich sogar ein anderer einstreicht? Insbesondere vor dem Platzhirsch sollten Sie sich in diesem Zusammenhang in Acht nehmen. Er und Ihre männlichen Kollegen insgesamt gehen ziemlich gern mit fremden Arbeitsergebnissen hausieren. Dies ist in männlichen Hierarchien immer dann möglich, wenn ein in der inoffiziellen Rangordnung „Übergeordneter" die Ergebnisse des „Untergeordneten" in seine Arbeit einfließen lässt und letztlich als eigenes Werk präsentiert. In männlichen Machtstrukturen ein ganz normales Vorgehen. Wenn Sie sich das nicht bieten lassen wollen, müssen Sie im Zweifelsfall selbst dafür sorgen, dass Ihre Leistungen den richtigen Leuten zu Ohren kommen.

Männer sprechen gern von wichtigen Projekten, herausragenden Positionen und großer Verantwortung, die sie innegehabt haben. Dadurch präsentieren sich Männer als „hohe Tiere“, denen man immer mehr Verantwortung und immer höhere Positionen zusprechen sollte. Frauen dagegen sprechen weniger über hierarchische oder strategische Positionen, sondern über ihre Aufgaben, ihren großen Einsatz und ihre berufliche Aufopferung. Während frau dadurch den Eindruck erweckt, diejenige zu sein, die sich die Seele aus dem Leib schuftet und so gerade noch die Kurve bekommt, stehen Männer als die souveränen und verantwortungsvollen Strippenzieher da. Lernen Sie von Ihren männlichen Kollegen, über Ihre Erfolge und nicht über den steinigen Weg dorthin zu sprechen.

Erhöhen Sie Ihre Wirkung auf andere

Bauen Sie an Ihrem Image

Längst ist bekannt, dass nicht nur eine einzigartige Idee, sondern auch ein gutes Auftreten und Image ausschlaggebend für den Erfolg sind. Als Neueinsteigerin befinden Sie sich in der einzigartigen Lage, Ihrem Image neues Leben einzuhauchen, ganz egal, was man in Ihrem letzten Unternehmen über Sie geredet hat oder welchen Ruf Sie dort hatten. Jetzt können Sie in dieser Hinsicht noch einmal von vorn beginnen. Darum beneiden Sie garantiert einige der Kollegen. Denn so manches würde man gern ungeschehen machen, wenn das nur ginge. Ein Image umzuwandeln ist allerdings um ein Vielfaches schwerer, als ein Image neu zu kreieren. Nicht von ungefähr kommt daher auch das Sprichwort: „Ist der Ruf erst einmal ruiniert, lebt es sich völlig ungeniert.“ Dies soll aber kein Ratschlag an Sie sein: Nutzen Sie besser die einzigartige Chance, sich ab dem ersten Tag einen phänomenalen Ruf zu erarbeiten.

An Ihrem Image feilen Sie, indem Sie zum einen die Gesetze des Unternehmens beachten und die zuvor genannten Spielregeln im

Umgang mit den Kollegen und Vorgesetzten ausnahmslos einhalten. Daneben können Sie Ihre Wirkung erhöhen, indem Sie die folgenden Tipps befolgen:

So erhöhen Sie Ihre Wirkung

Sprechen Sie eine klare Sprache

Eigentlich ist das selbstverständlich. Doch manchmal schleichen sich Wörter ein, die den Inhalt des Gesagten schwächen oder relativieren. Dazu gehören „vielleicht", „eigentlich", „ich glaube", „nur", „ein bisschen".

Sprechen Sie langsam

Die meisten Frauen sprechen zu schnell für ihren Gesprächspartner und erwecken dadurch einen gehetzten oder hektischen Eindruck. Sie rattern ihre Sätze so flott herunter, dass der (männliche) Zuhörer keine Chance hat, dem Gesagten vollständig zu folgen. Deshalb: Wenn Sie möchten, dass das, was Sie sagen, auch gehört wird, müssen Sie langsam sprechen und zwischen den Sätzen kurze Pausen machen. Achten Sie auch darauf, nur über ein Thema zu einer Zeit zu sprechen – Männer können nicht so schnell zwischen Themen springen, wie Frauen das gern tun.

Sprechen Sie laut

Viele Frauen haben die Angewohnheit, in wichtigen Gesprächen ihre Stimme auf „leiser" zu stellen. Das Gesagte wirkt jedoch viel besser, wenn Sie laut und deutlich sprechen. Richten Sie sich auf und atmen Sie gut durch – dies sind die besten Voraussetzungen, um wirklich gehört zu werden. Durch eine leise Stimme begeben Sie sich automatisch in die Mäuschen-Haltung, in der man Ihnen kaum Großes zutrauen wird.

Achten Sie auf Ihre Körpersprache

Mehr als durch alle Worte können Sie sich selbst durch Ihre Körpersprache sabotieren. Wer sich klein macht oder die Hände

verkrampft, signalisiert Schwäche – auch wenn seine Worte noch so aussagekräftig sind.
Stehen Sie als Gesprächspartnerin locker und aufrecht, so vermitteln Sie automatisch Selbstsicherheit. Insbesondere die folgenden Punkte lassen tief blicken:

- ❑ Standbreite: Innere Sicherheit vermitteln Sie, indem Sie Ihre Füße hüftbreit auseinanderstellen. Alles, was breiter ist, wirkt leicht selbstherrlich; alles, was schmaler ist, wirkt leicht unsicher. Begründung: Je breiter Sie Ihre Füße stellen, umso mehr Raum nehmen Sie ein. Einem Menschen, der Macht innehat, billigt man mehr Raum zu. Wer also einen breiten Stand einnimmt, wirkt mächtiger. Allerdings sollte der Stand auch angemessen sein: Derjenige, der nur den Mächtigen mimt, indem er viel Raum einnimmt, wird rasch entlarvt. Frauen neigen dazu, sich insgesamt schmaler zu machen. Sie signalisieren dadurch unbewusst, dass sie freiwillig auf Raum und Macht verzichten.
- ❑ Stehvermögen: Während eines Gesprächs verharren Sie praktisch nie regungslos in einer Position. Das ist auch gut so, denn die passende Gestik und Mimik machen Sie umso überzeugender. Widerstehen Sie aber unbedingt dem Drang, sich während des Gesprächs an der Wand oder am Türrahmen anzulehnen oder sich am Tisch abzustützen. Dies mag Ihnen zwar Sicherheit geben, wirkt auf Ihr Gegenüber aber instabil oder lässig. Und wer schon nach außen Instabilität vermittelt, der trägt sie meist auch innerlich mit sich herum.
- ❑ Sitzen: Die klassische Sitzhaltung der Frauen ist typisch damenhaft. Die Beine werden schräg übereinandergeschlagen, die Hände liegen auf den Beinen auf und der Kopf ist während des Gesprächs zur Seite geneigt. Meist sitzen Frauen auch nicht auf der gesamten Sitzfläche des Stuhls auf, sondern nur auf der vorderen Hälfte, und ihre Füße schlingen sich Halt suchend um die Stuhlbeine. Durch eine solche Sitzhaltung nimmt die Frau nur ganz wenig Platz und Raum für sich in

Anspruch und signalisiert dadurch unbewusst Unterlegenheit. Besser ist eine Sitzhaltung mit geradem Rücken, die Hände liegen nicht untätig im Schoß, sondern werden in unterstützender Gestik eingesetzt. Durch eine Haltung der Arme nicht ganz dicht neben dem Körper oder das Ablegen der Arme auf der Armlehne wird mehr Raum eingenommen.

- Kopfhaltung: Frauen signalisieren durch ein Kopfnicken während des Gesprächs, dass sie ihrem Gegenüber zuhören. Ihr männlicher Gesprächspartner deutet das Kopfnicken aber meist als Zeichen Ihrer Zustimmung und fühlt sich ermuntert, Ihnen seine Thesen näher zu erläutern. Sagen Sie ihm in Anschluss, dass Sie anderer Meinung sind, versteht er die Welt nicht mehr. Für ihn sind Ihre Körpersprache und Ihre Worte nicht kongruent; Sie wirken daher in seinen Augen sprunghaft und wenig überzeugend. Nicht selten führt ein solches Kopfnicken also zu Missverständnissen zwischen den Geschlechtern.
- Auch neigen Frauen gern den Kopf zur Seite und zeigen ihrem Gegenüber damit eine sehr empfindliche Seite von sich: die Halsschlagader. Hier werden niedere Instinkte angesprochen, denn nur der Unterlegene zeigt seine verwundbarste Stelle. Und so machen Sie sich auch angreifbar. Der schiefe Kopf ist meist ein Zeichen von Emotionalität und dem Wunsch zu gefallen. Solch einen Hinweis sendet ein Mensch, der Vertrauen in seinen Gesprächspartner hat und zu ihm Nähe herstellen möchte. Es handelt sich um ein nonverbales Signal, das den Gesprächspartner direkt auf der Gefühlsebene anspricht, ohne dass er sich dessen bewusst ist.
- Lächeln: Frauen lächeln in Gesprächen häufiger als Männer. Ihr Lächeln kann aber durchaus ein doppeldeutiges Zeichen sein. Nicht immer steht es für Freude und Zustimmung, es kann auch Milderung und Unterwerfung bedeuten. Mal angenommen, eine Frau hat mit einem Mann eine schwierige Diskussion auszufechten. Sie spricht ihn auf sein Verhalten in einer bestimmten Situation an und sagt ihm, dass sie dieses nicht in Ordnung fand. Dabei legt sie ihren Kopf schräg und

lächelt ihn an. Ein Fehler: Dadurch mildert sie ihre Worte ab und sendet emotional uneindeutige Botschaften – das Ergebnis der Diskussion wird unbefriedigend ausfallen.

Einzigartig sein

Wissen Sie, was Sie einzigartig macht? Was Sie von anderen unterscheidet? Welche Qualifikationen, welche Erfahrungen, welche Charaktereigenschaften und welche geistigen und emotionalen Fähigkeiten Sie auszeichnen? Wenn nicht, dann sollten Sie so schnell wie möglich – eventuell mithilfe eines Coachs – Ihre ganz persönlichen Stärken auflisten. Denn erst auf der Basis von Selbstwertgefühl entwickeln sich Ihr Charisma und Ihre Ausstrahlung, über die Sie sich erfolgreich nach außen präsentieren können.

Motivation als Schlüssel zum Erfolg

Oft erhalten Sie Aufgaben in denkbar unspektakulärer Form: Sie nennen sich Hausarbeiten, Baufinanzierungen oder Businesspläne. Egal, ob Sie an Ihrer Aufgabe allein oder mit anderen arbeiten; erfinden Sie Ihre Aufgabenstellung neu. Formulieren Sie Ihr Projekt um, bis es einzigartig und sensationell klingt. Warum sollten Sie nicht ein Beratungsmodell entwickeln, das den Vorstand aufhorchen lässt, oder das laufende Geschäftsjahr zu einem Event machen? Dieser Trick hat einen zweifach positiven Effekt: Zum einen werden Sie mit mehr Spaß an Ihre Aufgabe herangehen und zum anderen haben Sie Ihren Qualitätsanspruch kräftig nach oben geschraubt.

Wie heißt Ihr Projekt?

Nennen Sie Ihr Projekt nicht Aufgabe oder Produkt, sondern geben Sie Ihrer Arbeit eine frische Bezeichnung. Dieser Name kann, muss aber nicht, nach außen kommuniziert werden. Wenn Ihr Projekt ein Erfolg wird, erinnert man sich noch Jahre später an den Namen: Das „Rundum-sorglos-Kredit-Paket“ oder die „Aktion 5.000“.

Der Service-Faktor

Jede Tätigkeit, auch eine vermeintlich rein technische, dient letztlich dazu, das Leben von Menschen zu verbessern oder zu vereinfachen. Stellen Sie sich die Leute vor, denen Sie mit Ihrem Job helfen – das können auch Sie selbst sein.

Wo liegen Ihre Schwerpunkte?

In den meisten Fällen wird in etwa 10 Prozent der Zeit geplant und in den übrigen 90 Prozent das Projekt durchgeführt. Besser ist eine andere Schwerpunktsetzung:

- ❑ 30 Prozent für die Kreation: erfinden, planen und Formulierungen finden
- ❑ 30 Prozent für das Verkaufen: hausieren gehen, Mitstreiter finden, Rückendeckung holen, Verbündete einbeziehen
- ❑ 30 Prozent für das Durchführen
- ❑ 10 Prozent für das Happy End: fertiges Projekt übergeben, Fortbestand sichern, feiern und stolz sein

Alles ist wichtig

Übersehen Sie keine Details. Jede Kleinigkeit ist wichtig für den Erfolg Ihres Projekts. Halten Sie vor allem sich selbst und Ihre Tätigkeit niemals für klein oder unbedeutend. Auch das kleinste Licht in einer Firma kann Großes bewegen. Auch das kleinste Unternehmen kann den großen Durchbruch schaffen.

Termine sind heilig

Liefern Sie immer pünktlich – am besten bereits vor dem vereinbarten Termin. Das hat zwei Vorteile: Zum einen lassen Sie sich bei der

Vorbereitung nicht auf einen zu knappen Terminplan ein und zum anderen hinterlassen Sie einen prompten und zuverlässigen Eindruck. Wenn Ihr Zeitplan steht, geben Sie dem Einhalten des Plans oberste Priorität. Arbeiten Sie innerhalb Ihrer Projektgruppe immer ein bisschen zu schnell – nutzen Sie den „Wir-sind-unserer-Zeit-voraus"-Effekt.

Ziele setzen und erreichen

„Wer sein Ziel kennt, findet den Weg", lautet ein Zitat des chinesischen Denkers Laotse. Es ist kein Geheimnis, dass Menschen, die Ziele haben, im Leben erfolgreicher sind als andere. Am erfolgreichsten sind diejenigen, die ihre Ziele schriftlich fixieren. Hinter einem echten Ziel stehen Sie selbst: Sie handeln es mit sich aus und notieren es schriftlich. Ziele können aber auch durch entsprechende Vereinbarungsgespräche mit Vorgesetzten ausgehandelt werden. Solche Zielvereinbarungsgespräche sind enorm wichtig: Daran können Sie später belegen, dass Sie sich weiterentwickelt haben und durch Ihre Arbeit dem Unternehmen einen wertvollen Nutzen stiften. Sie werden in die Pflicht genommen, Ihren Blick in die Zukunft zu richten und auf etwas hinzuarbeiten. Suchen Sie so früh wie möglich das Gespräch mit Ihren Vorgesetzten, um Ziele zu vereinbaren. Dadurch machen Sie deutlich, dass Sie zukunftsorientiert denken und handeln, sich entwickeln wollen und keinen täglich wiederkehrenden „Dienst nach Vorschrift" anstreben.

Karrierekiller erkennen und vermeiden

Zu den häufigsten Karrierekillern und den gefährlichsten Stolpersteinen auf dem Weg nach oben zählen nach einem Focus-Bericht („Die Top-Fünf Karrierekiller", 18.9.2006) mangelnde Selbsteinschätzung und fehlende Kritikfähigkeit. Auf viele Fettnäpfchen haben wir Sie bereits hingewiesen und diese ausführlich erläutert, zum Beispiel:

Die schlimmsten Karrierefallen

- Teamunfähigkeit
- Selbstüberschätzung
- mangelnde Kritikfähigkeit
- Fehler nicht einzugestehen
- fehlende Schlüsselqualifikationen
- Missachtung inoffizieller und offizieller Spielregeln bestehender Netzwerke
- Versäumnis, Kontakt zu knüpfen, zu pflegen und sein eigenes Netzwerk aufzubauen
- Hierarchien und Rangigkeiten nicht zu erkunden und nicht einzuhalten

Darüber hinaus gibt es weitere Karrierefallen, die Sie schon in den ersten Tagen im neuen Job zu Ihren Ungunsten auf die Probe stellen könnten:

Frustration und notorische Unzufriedenheit

„Nur wer glücklich ist, bringt Höchstleistungen"

„Nur wer glücklich ist, bringt Höchstleistungen", titelte im Januar 2004 das Harvard Business Magazin. Nach einer Umfrage des Gallup-Instituts vom August 2006 waren lediglich 13 Prozent der Arbeitnehmer engagiert bei der Sache und 19 Prozent hassten gar ihren Job oder hatten sich schon von ihrer Firma abgekehrt. Die Demotivation wirkt sich nicht nur negativ auf das Betriebsklima aus, nein, durch das aktive Nicht-Engagement fügen diese Mitarbeiter ihrem Arbeitgeber auch wirtschaftlichen Schaden zu. Die Unzufriedenheit im Job kostet richtig Geld. Gallup beziffert den Schaden durch Demotivation für 2003 auf rund 250 Milliarden Euro, das entspricht in etwa dem gesamten Bundeshaushalt (aus: „Selfness-Jobs: Das Finde-Dich-Selbst im Berufsleben", Zukunftsinstitut 2004). Und natürlich schadet Ihnen das Image der Unzufriedenen auch letztlich selbst.

Dienst nach Vorschrift

Im Beruf die Berufung sehen

Weit über die Hälfte aller Arbeitnehmer schieben Dienst nach Vorschrift. Passiv den Bürostuhl platt zu drücken und stets den Feierabend als oberste Priorität zu sehen bringt frau aber nicht voran auf der Karriereleiter. Ordnen Sie sich daher der anderen Hälfte zu und sehen Sie in Ihrem Beruf Ihre Berufung. Gerade in der Probezeit ist ein größeres Zeit-Engagement unumgänglich und auch durch Zeitmanagement und perfekte Organisation kaum zu minimieren. Allerdings darf dies nicht zum Dauerzustand werden und muss sich spätestens zum Ende der Probezeit – Spitzen ausgenommen – auf ein normales Maß eingependelt haben.

Weiterbildungsresistenz

Aktualisieren Sie Ihr Wissen

Die Unternehmensstrukturen und -kulturen sind ständig in Bewegung. Fusionen, Umstrukturierungen, Outsourcing und Unternehmensverlagerungen zählen zum Businessalltag. Im Hinblick auf diese enormen Veränderungen und die Schnelllebigkeit der Wirtschaft sollte frau auch stets im puncto Weiterbildung am Ball bleiben, ihr Wissen permanent aktualisieren und sich weiterentwickeln. Werden Sie also nicht träge oder gar müde, sich weiterzubilden, begegnen Sie neuen Aufgaben und Arbeitsgebieten offen. Sie werden sehen, es zahlt sich im wahrsten Sinne des Wortes aus.

Klausur

Betreiben Sie Selbst-PR

Geben Sie sich zu erkennen und betreiben Sie aktiv Selbst-PR! Zurückhaltung ist sicher in der ersten Zeit im neuen Unternehmen die richtige Devise. Aber gar nicht in Erscheinung zu treten und falsche Bescheidenheit sind auf Dauer ein K.o.-Kriterium. Ziehen Sie sich also nicht zurück und vergraben Sie sich nicht hinter dem Schreibtisch und den neuen Aufgaben, sondern machen Sie mit Fingerspitzengefühl durch Ihre positiven Ergebnisse auf sich aufmerksam. Punkten Sie mit Ihren Leistungen bei Ihren Vorgesetzen und den Kollegen.

Piano, piano oder: Wem die Stunde schlägt

Zügeln Sie Ihr Tempo

Eile und Ungeduld verursachen oft Leichtsinnsfehler, emotionale Reaktionen und unüberlegte Aktionen und machen Sie angreifbar. Besserwisserei, der akute Drang zur sofortigen Veränderung und der ständige Vergleich mit dem alten Arbeitgeber sind keine Basis, um ein voll akzeptiertes Teammitglied zu werden, und können schnell zur Karrierefalle werden. Piano, piano: Frau kann schon bald durch ihre Leistung überzeugen, aber immer zum richtigen Zeitpunkt. Sie wollen doch länger in Ihrer neuen Firma bleiben, also zügeln Sie Ihr Tempo und Ihren Veränderungsdrang, üben Sie sich in Geduld und brechen Sie nicht alle Veränderungen sofort übers Knie.

Eiszeit

Identifizieren Sie sich mit dem Unternehmen

Ein Grund für ein zurückhaltendes Engagement und Dienst nach Vorschrift ist sicher die fehlende beziehungsweise mangelnde Verbundenheit von Arbeitnehmern mit ihrem Unternehmen und den Vorgesetzen. Ein Grund hierfür kann fehlende Kommunikation, zu wenig Hintergrundwissen über innerbetriebliche Vorgänge und Zusammenhänge sein, aber auch der Mangel an Wertschätzung für den Mitarbeiter und dessen Leistungen sowie das Führungsverhalten von Vorgesetzten. Unabhängig von diesen Widrigkeiten sollte frau nicht den Fehler machen, das Unternehmen nur als Mittel zum Zweck zu betrachten, um die eigene Karriere voranzutreiben. Identifizieren Sie sich mit dem Unternehmen, bauen Sie eine emotionale Bindung auf und arbeiten Sie an Ihrem „Wir-Gefühl“.

Leidenschaftliche Neugier

Neugier ersetzt nicht Know-how

„Ich habe keine besondere Begabung, ich bin nur leidenschaftlich neugierig“, soll Albert Einstein gesagt haben. Aber nehmen Sie diesen Satz nicht für bare Münze, denn uns ist kein Beispiel bekannt, in dem mangelndes Know-how durch großes Interesse und extreme Neugier kompensiert werden konnte und zu einer erfolgreichen Karriere führte.

Nestbeschmutzer

Bleiben Sie loyal

Illoyalität gegenüber Ihrem Unternehmen, den Vorgesetzten, Ihrem Chef oder den Kollegen kann leicht zum Absturz aus dem sicheren Nest führen und endet unweigerlich mit dem Ausschluss aus der Gruppe und schlimmstenfalls sogar mit einer Kündigung. Werden Sie also nicht zum Nestbeschmutzer – auch nicht indem Sie sich mit anderen Abteilungen verbünden und inoffizielle Informationen unter dem Siegel der Verschwiegenheit weitergeben. Stellen Sie nicht die Firmengrundsätze oder Spielregeln infrage und kritisieren Sie nicht – schon gar nicht öffentlich – die Lieblingsprojekte Ihres Chefs oder Anweisungen von oben.

Undank

Danken Sie Ihrer Truppe

Selbst der erfahrenste Einzelkämpfer ist auf die Unterstützung seiner Truppe angewiesen. Dass das Beziehungsmanagement Sie sogar zum Überflieger machen kann, ist Ihnen sicher bewusst. Also vergessen Sie Ihre Truppe nicht und zeigen beziehungsweise artikulieren Sie Ihre Dankbarkeit. Das Verhältnis zwischen Nehmen und Geben muss ausgewogen sein und manchmal wird auch mehr erwartet als ein „Vielen Dank“. Sicher, „eine Hand wäscht die andere“, aber immer mit Maß und Ziel und nie am Rande der Legalität.

Muttermörderin

Beteiligen Sie sich nicht an Klatsch und Tratsch

Werden Sie nicht zur Muttermörderin und schlagen Sie nicht die Hand ab, die Sie füttert. Soll heißen, blenden Sie Klatsch und Tratsch in der neuen Firma aus und lästern Sie nicht über andere. Konzentrieren Sie sich auf Ihre eigenen Erfahrungen, Wahrnehmungen und Eindrücke. Sie sind frau genug, sich eine eigene Meinung zu bilden, und auch in der Lage, den Informationsgehalt der Mitteilungen zu beurteilen. Gerade in den ersten 100 Tagen kämpfen Sie schon auf vielen Schlachtfeldern, da müssen Sie nicht noch zum eigenen Kampf blasen und einen weiteren Kriegsschauplatz eröffnen.

Egoismus

„Ich, mich, meine" sind keine guten Karrierevokabeln. Sicher, Sie zeigen Ihr Engagement bezüglich der Arbeitszeiten und sind auch mal bereit, Überstunden zu leisten. Aber wie verhält es sich in Bezug auf Ihre Urlaubsplanung?

Urlaubswünsche zurückstellen

Urlaub muss sein, denn schließlich dient er der Erholung und somit der Wiederherstellung der Arbeitskraft. Aber ist es unbedingt notwendig, dass frau an liebgewonnenen Gewohnheiten wie zum Beispiel dem jährlichen Adria-Urlaub in den ersten drei Augustwochen festhält, wenn zu dieser Zeit eine wichtige Präsentation im Haus stattfindet oder die einzige Kollegin sich gerade dann in den Mutterschutz verabschieden wird? Sie müssen keineswegs all Ihre persönlichen Aktivitäten mit den Interessen und Belangen Ihrer Firma in Einklang bringen, aber zumindest bei privaten Entscheidungen und Planungen abwägen und auch einmal kritisch beurteilen, ob ein Urlaub zu diesem Zeitpunkt gerade sinnvoll ist. Zumindest in der Probezeit sollten Sie sich mit Urlaubswünschen zurückhalten, denn erstens befinden Sie sich in der Erprobungsphase und man erwartet, dass Sie Ihre Interessenschwerpunkte auf den Beruf legen, und zweitens sieht ein Arbeitgeber den frühen Wunsch nach einer längeren Auszeit nicht unbedingt als gutes Zeichen für Durchhaltevermögen, Belastbarkeit und Interesse.

Tiefe Einblicke

Schützen Sie Ihr Privatleben

Frau sollte keinesfalls den Fehler machen und Freunde in der Firma mit Freundinnen im Privaten gleichsetzen. Freundinnen teilen gern Freud und Leid und nehmen Anteil an allen alltäglichen Ereignissen, Problemen und Glücksmomenten. Gewähren Sie Ihren freundlichen Kollegen jedoch die gleichen tiefen Einblicke in Ihr Privatleben und Ihr Innerstes, kann diese „Freizügigkeit" schnell gegen Sie Verwendung finden. Und wer steht schon gern im Mittelpunkt von Klatsch und Tratsch? Schließlich möchten Sie nicht zum Pausenthema degradiert werden, sondern durch Kompetenz und Leistung Aufmerksamkeit erregen.

5 Im Überblick: Was frau über die ersten 100 Tage im Job wissen sollte

„Es gibt mehr Leute, die kapitulieren, als solche, die scheitern", sagte einst Henry Ford. Und damit frau bei ihrer neuen beruflichen Herausforderung weder scheitert noch kapituliert, geben wir ihr das nötige Rüstzeug mit, um in den neuen Job sympathisch einzusteigen, die ersten 100 Tage souverän zu meistern und erfolgreich aufzusteigen.
Die ersten Tage im neuen Job gleichen einer Art Countdown. Countdowns sind vor allem aus der Raumfahrt bekannt, wo vor dem Startvorgang entsprechende Kontrollen in einem engen Zeitfenster stattfinden. Übersetzt auf Ihren neuen Job bedeutet dies: Nach der Unterschrift des Arbeitsvertrages beginnt am ersten Arbeitstag der Countdown Ihrer Probezeit von 100 auf 1. Am Tag eins, dem letzten Tag Ihrer Probezeit, gibt es natürlich einen Grund zu feiern. Der glückliche Start in Ihre berufliche Umlaufbahn ist Ihnen mit Bravour geglückt. Jetzt liegt es an Ihnen, Ihren Karriereweg mit Erfolg fortzusetzen und Ihre Mission zu erfüllen.
Damit Sie sich für die ersten 100 Tage bestens gerüstet fühlen, finden Sie hier noch einmal die wichtigsten Punkte im Überblick:

- ❑ *Arbeitsvertrag und Probezeit*
  Arbeitsrechtlich unterscheidet man zwei Arten von Arbeitsverhältnissen:
  - das unbefristete Arbeitsverhältnis und
  - das befristete Arbeitsverhältnis, das automatisch durch Fristablauf endet. Hier wird differenziert zwischen einer zeitlichen und einer zweckgebundenen Befristung.

Auch gibt es zwei unterschiedliche Probezeiten:

- das Dauerarbeitsverhältnis mit vorgeschalteter Probezeit und
- das befristete Probearbeitsverhältnis.

Die Dauer der Probezeit beträgt grundsätzlich maximal sechs Monate und ist abhängig von der Position und dem Verantwortungsbereich im Unternehmen.

❑ *To do vor dem ersten Arbeitstag*

Bevor frau das unbekannte Terrain der neuen Firma betritt, kann sie sich schon im Vorfeld für „Tag eins“ am neuen Arbeitsplatz fit machen. Einige Unternehmen bieten Neueinsteigern gezielte Einführungsveranstaltungen an oder geben schriftliche Unterlagen an die Hand, mit deren Hilfe frau sich auf den ersten Arbeitstag vorbereiten kann. Insbesondere Einführungsveranstaltungen sind eine interessante Chance, Informationen über das Unternehmen und den neuen Aufgabenbereich zu sammeln sowie erste Kontakte zu den zukünftigen Kollegen zu knüpfen.

- Sammeln Sie Informationen über das Unternehmen und Ihre neue Aufgabe.
- Analysieren Sie bereits vor Arbeitsaufnahme nochmals das Anforderungsprofil Ihrer zukünftigen Stelle.
- Arbeiten Sie an Ihren Schwächen.
- Aktualisieren Sie Ihr Wissen.
- Beschäftigen Sie sich mit Ihrer inneren Stimme und leisten Sie Aufbauarbeit für Ihr Selbstvertrauen.
- Investieren Sie in den ersten Eindruck.
- Organisieren Sie sich und Ihr privates Umfeld.

❑ *Den ersten Eindruck optimal gestalten*

Ein guter erster Eindruck und ein sympathischer Einstieg wird Ihnen am ersten Arbeitstag gelingen, wenn Sie die Worte von Giorgio Armani beherzigen, dass „man sich nicht für den Job kleidet, den man hat, sondern für den, den man haben möchte“. Vergessen Sie nicht, dass nur wenige Sekunden entscheidend sind, ob der Start in den neuen Job gelingt oder misslingt. Also minimieren Sie mögliche Antipathiefaktoren durch korrekte Kleidung, ein seriöses Auftreten und ein gepflegtes Erscheinungsbild. So sammeln Sie bereits beim ersten Eindruck die ersten Sympathiepunkte. Das richtige Business-Outfit orientiert sich an dem, was in der Branche und in dem jeweiligen Unternehmen beziehungsweise der Abteilung üblich ist. Mit dunklen, gedeckten Tönen wie einem dunkelblauen Hosenanzug machen Sie einen loyalen und souveränen Eindruck – ein guter Dress für den ersten Tag.

Nun müssen Sie auch verbal überzeugen und die neuen Kollegen für sich gewinnen. Hier sind Sie in der glücklichen Lage, am ersten Tag den neuen Kollegen vorgestellt zu werden. Später, wenn Sie dann auf weitere neue Gesichter treffen, stellen Sie sich am besten selbstbewusst selbst vor: „Guten Tag, ich darf mich Ihnen vorstellen? Mein Name ist Andrea Schwarz und ich arbeite seit Kurzem in der Presseabteilung."

Beachten Sie stets die Knigge-Regeln sowie Rang und Position Ihres Gegenübers. Um sich die vielen Unbekannten und ihre Namen besser einprägen zu können, empfehlen wir Ihnen, sich Eselsbrücken zu bauen.

- ❑ *Smalltalk betreiben*

  Mit vielen unbekannten Gesichtern werden Sie ins Gespräch kommen. Gut, wenn Sie die Smalltalk-Regeln kennen. Denn im Business-Alltag gehört die Kunst des kleinen Gesprächs zum guten Ton und zeugt von besten Umgangsformen. Schon hier bietet sich für frau die Chance, reichlich Informationen zu sammeln.

  Frauen sind bravouröse Smalltalkerinnen. Sie können durch Gespräche sehr gut Kontakte knüpfen und harmonische Beziehungen aufbauen. Ganz anders als die männlichen Kollegen: Diese messen sich gern in Smalltalk-Gesprächen, um herauszufinden, welchen Status sie im Vergleich zu ihren Kollegen haben. Darauf kommt es in der Anfangsphase jedoch nicht an, im Gegenteil: Sie sind die Neue im Unternehmen und sollten nicht mit Besserwisserei auftrumpfen, sondern sympa-

thisch und eloquent wichtige Kontakte anbahnen.
Wählen Sie für den Smalltalk immer nur positive Themen. Darüber lässt sich deutlich leichter eine gute Gesprächsatmosphäre und letzen Endes auch eine positive Beziehung aufbauen. Da Sie Ihr Gegenüber noch nicht kennen, sollten die Themen unverfänglich sein und keine Fachkenntnisse erfordern. Halten Sie Ausschau nach Gemeinsamkeiten – darüber plaudert es sich besonders gut!

- ❑ *Offizielle Regeln kennenlernen*
  Offizielle Regeln, Hierarchien, Zuständigkeiten und Verantwortungsbereiche lassen sich relativ leicht herausfinden oder nachlesen. Jedes Unternehmen hat eine bestimmte hierarchische Struktur. Unternehmenskultur und -größe entscheiden darüber, ob diese flacher oder stärker ausgeprägt ist. Hierarchien spielen regelmäßig eine große Rolle im täglichen Miteinander. In puncto Hierarchie-Recherche kann Ihnen ein Organigramm hilfreiche Dienste leisten. Darauf können Sie auf einen Blick erkennen, wer auf welcher Stufe im Unternehmen steht. Dieses Wissen hat weitreichende Konsequenzen: Sie erfahren nicht nur, wer welche Aufgaben innehat, sondern können dieses Wissen um Rangigkeiten auch im täglichen Büroalltag, zum Beispiel bei Begrüßungs- und Vorstellungsritualen, gut gebrauchen. Wissenswert ist außerdem:
  - Wann beginnt und endet der Arbeitstag? Insbesondere in der ersten Zeit werden Sie kaum um Überstunden herumkommen. Sie brauchen einfach noch mehr Zeit, um die Arbeit zu bewältigen, da Ihnen Routine und Erfahrung fehlen.
  - Wie oft, wie lange und wo darf eine Pause gemacht werden? Sollten Sie sich mit Kollegen abwechseln oder wird gemeinsam Pause gemacht?
  - Wie geht man mit Ausfällen beziehungsweise Krankheiten um? Wer übernimmt Vertretungen?

Denken Sie daran, bei Fragen zu den offiziellen Regeln sich zuerst beim Vorgesetzten zu erkundigen. Zwar mag der Weg über die Kollegen einfacher sein – Ihr Ansprechpartner ist aber in erster Linie der Chef. Nur hier können Sie sicher sein, „richtige" Informationen zu erhalten.

- ❑ *Inoffizielle Regeln entdecken*
  Inoffizielle Regeln sollten Sie nicht einfach erfragen nach dem Motto: „Warum ist Herr Schmidt denn so empfindlich, wenn es um Frau Maier geht?" Inoffizielle Regeln müssen Sie beobachten und daraus eigene Rückschlüsse ziehen.
  Fragen Sie Ihren Vorgesetzten, ob Ihnen ein Mentor an die Seite gestellt werden kann. Dieser wird Sie dabei unterstützen, sich im Regeldschungel zurechtzufinden und sich zu behaupten. Ein Mentor steht Ihnen als Ansprechpartner bei fachlichen Fragen zur Verfügung, begleitet Sie durch die ersten Tage bei Ihrer beruflichen Entwicklung und ist Vorbild. Wird Ihnen nicht automatisch ein Mentor zur Seite gestellt, können Sie einen Kollegen oder Vorgesetzten gezielt ansprechen und fragen, ob er/sie für eine begrenzte Zeit Ihr Mentor sein möchte.
  Ihr neues Umfeld erwartet, dass Sie alle Regeln respektieren und einhalten – das gilt natürlich nur, solange diese nicht illegal sind. Zwar wird eine andere Vorgehensweise in Einzelfällen im Hinblick auf die unterschiedlichen Persönlichkeiten akzeptiert. Das bedeutet jedoch noch lange nicht, dass die inoffiziellen Regelwerke stetig von Ihnen umgangen werden dürfen. Denn bedenken Sie: Ihr neues Umfeld hat diese Gewohnheiten entwickelt und schöpft daraus ein starkes Gemeinschaftsgefühl. Ihr Ziel ist, anerkanntes und geschätztes Mitglied im Team zu werden. Das gelingt Ihnen, wenn Sie durch Einhaltung der Regeln zeigen, dass Sie dazugehören.
- ❑ *Falsche Freunde*
  Schließen Sie sich nicht vorschnell einer Gruppe an, lernen Sie, gute Freunde von schlechten zu unterscheiden, und bilden Sie keinesfalls den „Club der Neuen", denn dort sind alle Mitglieder auch Unwissende und sicherlich keine große Integrationshilfe für Sie. Seien Sie anfangs zurückhaltend damit,

sich einer Gruppe fest anzuschließen – umso schwerer ist es, sich dort wieder loszueisen. Beobachten Sie stattdessen genau, gehen Sie mit unterschiedlichen Leuten zum Mittagessen und bleiben Sie so lange „ungebunden“, bis Sie Ihrer Sache sicher sind.

- ❑ *Grenzen setzen*
  Für Job-Einsteiger erweist sich das Spannungsfeld zwischen Angepasstheit und Individualität meist als schwieriges Terrain. Eine anfängliche Zurückhaltung stellt keineswegs eine Aufforderung an die „alten Hasen“ dar, Sie auszunützen und Ihnen die unbeliebten Aufgaben zu überlassen. Also, vergessen Sie Ihre Schüchternheit und sprechen Sie auch mal ein „Nein“ aus, wenn Sie nicht ewig die Brötchen kaufen gehen wollen. Denn wie Sie sich betten, so liegen Sie. Nette Neins finden Sie im Kapitel „So nicht – oder zumindest nicht mit Ihnen“.
- ❑ *Was Sie von den Kollegen besser nicht lernen*
  Kollegen sollten Sie stets als Vorbild in Bezug auf interne Spielregeln sehen, aber übernehmen Sie keinesfalls deren schlechte Gewohnheiten. Unpünktlichkeit, private Telefonate während der Arbeitszeit und Krankfeiern laden nicht zur Nachahmung ein.
- ❑ *Neue Aufgaben erschließen*
  Neben Fachwissen entscheiden die persönlichen Kompetenzen über die berufliche Zukunft. Anders gesagt: Ohne gutes soziales Netzwerk werden Sie es nicht weit bringen; der Weg nach oben führt nun mal über Beziehungen. Knüpfen Sie also Kontakte und schaffen Sie sich ein aktives Netzwerk. Ohne die Unterstützung der Kollegen können Sie keine neuen Aufgaben erschließen.

  Setzen Sie sich nicht schon in den ersten Tagen im neuen Job unter Druck. Sie müssen erst lernen, mit dem Faktor Zeit umzugehen, und Überstunden zählen in der Einarbeitungsphase zum täglichen Brot. Trauen Sie sich, konkrete Fragen zu stellen und andere um Hilfe zu bitten. Wissenswertes notieren

Sie schriftlich; somit haben Sie diese Informationen jederzeit parat und können Ihr neues Arbeitsgebiet erfolgreich erobern.

- *Kollege „Mann“*
  Männer ticken einfach anders. So auch im Job. Machtspiele und Platzhirsch-Allüren sind die Folge des Geschlechterunterschiedes. Eine gemachte Frau sind Sie übrigens dann, wenn Sie es schaffen, sich den Platzhirsch zum Verbündeten zu machen. Ganz offensichtlich verfügt dieser über gute Kontakte „nach oben“ und seine Meinung hat in der Abteilung entsprechendes Gewicht. Zum Verbündeten wird der Platzhirsch dann, wenn Sie beide gemeinsame Interessen entdecken und dadurch eine passende Basis finden. Unterstützt der Platzhirsch seinerseits Ihre Vorhaben und zollt Ihnen Respekt, sind Sie auf der Erfolgsspur angekommen.
- *Einmal ist keinmal*
  Auch mit dem Thema Fehler sollten Sie sehr souverän umgehen, Fehler nicht verschleiern oder vertuschen, sondern eingestehen. Kein Mensch ist unfehlbar und schon gar nicht in den ersten 100 Tagen im Job. Also, denken Sie an Thomas Alva Edison: „Das ist das Schöne an einem Fehler: Man muss ihn nicht zweimal machen.“
- *Schlüsselqualifikationen kennen und können*
  Punkten können Sie mit Ihren weichen, nicht-fachlichen Kompetenzen, denn diese sind die Basis, dass Sie in möglichst vielen Bereichen lebenslang handlungsfähig sind und bleiben. Genau diese Erfahrung machen Sie auch als Berufseinsteigerin: Ihre Fähigkeit, auf andere Menschen zuzugehen und mit ihnen eine dauerhafte Beziehung aufzubauen, hilft Ihnen, im neuen Unternehmen Fuß zu fassen. Das Repertoire an Schlüsselqualifikationen reicht von kognitiven Fähigkeiten über praktische Fertigkeiten bis hin zu Persönlichkeitsmerkmalen. Auch sollte frau die Softskills in ihrer Bedeutung als Karrierehelfer nicht unterschätzen, denn bei einer Beförderung wird die fachliche Leistung nur mit etwa 10 Prozent berücksichtigt. Wesentlich ausschlaggebender für die Karriere sind ein gutes Image

beziehungsweise eine gute Selbstdarstellung (30 Prozent) und die Fähigkeit, Beziehungen aufzubauen und zu pflegen (60 Prozent).
Es muss das oberste Ziel einer erfolgreichen Jobeinsteigerin sein, die Faktoren Leistung und Schlüsselqualifikationen miteinander zu verbinden. Schafft sie dieses, werden sich ihre Aufstiegschancen deutlich verbessern.

- ❑ *Konflikte erfolgreich meistern*
  Es ist wichtig, einen Konflikt nicht feige zur Seite zu schieben, sondern als Frau seinen Mann zu stehen und im klärenden Gespräch wieder alles in geordnete Bahnen zu lenken. So signalisieren Sie auch möglichen Mobbern und Feinden, dass Sie nicht als Zielscheibe für Mobbing-Angriffe geeignet sind. Denn statistisch gesehen haben Sie als Frau und Jobeinsteigerin ansonsten sehr gute Chancen, zum Opfer einer Mobbing-Kampagne zu werden.
- ❑ *Der Chef, das unbekannte Wesen*
  Vorgesetzte sind auch nur Menschen. Es ist also nicht angebracht, dem Chef mit gottgleicher Verehrung und bedingungsloser Opferbereitschaft zu begegnen. Eine gute persönliche Beziehung in Kombination mit fachlicher Kompetenz ist dagegen Gold wert.
  Gute Beziehungen werden unter anderem dadurch geknüpft, dass Sie das Gespräch zu Ihrem Vorgesetzten suchen. Zum Beispiel indem Sie zwischen Tür und Angel Smalltalk betreiben und Feedback einholen. Punkten Sie bei Ihrem Chef auch durch Ihr Fingerspitzengefühl, indem Sie ein besonderes Augenmerk auf seine „kleinen Macken“ legen. Ist er ein Ordnungsfreak und Pünktlichkeitsfanatiker, beeindrucken Sie ihn durch einen gut organisierten und ordentlichen Schreibtisch oder dass Sie die Unterlagen bereits am Vorabend des Abgabetermins bei ihm vorlegen. Zuverlässigkeit, Ehrlichkeit und Loyalität wird Ihr Vorgesetzter zu schätzen wissen.

- ❑ *Persönliche Bilanz ziehen*
  Nach den ersten 100 Tagen im neuen Unternehmen ist es an der Zeit, eine persönliche Bilanz zu ziehen. Fahren Sie also kritisch durch den TÜV und decken Sie schonungslos und ehrlich Mängel auf. Sprechen Sie Ihre Wünsche und Eindrücke in Feedback-Gesprächen an. Achten Sie aber darauf, deutlich zu machen, dass es sich dabei um Ihre persönlichen Eindrücke handelt. Stellen Sie keine Allgemeinbeschuldigungen auf wie „Hier mag man keine Neulinge“ oder Ähnliches. Bei aller kritischen Betrachtung sollten Sie auch die positiven Dinge im Auge behalten: Ein ehrlich gemeintes Lob für die Unterstützung der Kollegen kann Wunder bewirken, selbstverständlich ist das nämlich nicht.
- ❑ *Selbst- und Stressmanagement*
  Stress hat zwei Gesichter, den positiven und negativen Stress. Auch wenn positiver Stress Sie zu Höchstleistungen anspornt und zur Überfliegerin werden lässt, sollten Sie die Kehrseite der Medaille im Auge behalten. Gerade als Neueinsteigerin sind Sie gefährdet, aufgrund der vielen neuen Aufgaben und des Drucks, den Sie sich selbst auferlegen, in den Disstress abzurutschen. Übernehmen Sie sich nicht, indem Sie beispielsweise zusätzlich und freiwillig neue Aufgaben annehmen, um als möglichst engagiert und belastbar dazustehen. Im Interesse Ihres Rufs müssen Sie sicherstellen, die angenommenen Aufgaben auch pünktlich und zuverlässig erledigen zu können. Erfahrungsgemäß ist das bei Ihren Stammaufgaben in der Anfangszeit schon schwierig genug.
- ❑ *Selbstmarketing*
  Was nützt Ihnen die ganze gute Arbeit, wenn keiner Ihrer Vorgesetzten davon erfährt oder die Lorbeeren womöglich sogar ein anderer einstreicht? Die Lösung: Tue Gutes und rede darüber. In diesem Punkt sollten Sie sich Ihre männlichen Kollegen zum Vorbild nehmen und wie sie über Ihre Erfolge, und nicht über den steinigen Weg dorthin, sprechen. Frauen neigen nämlich dazu, wie die fleißigen Bienen zu arbeiten und

zu hoffen, dass das irgendwann den richtigen Leuten auffällt. Männer dagegen haben weniger Scheu, mit ihren Erfolgen hausieren zu gehen.

Als Neueinsteigerin befinden Sie sich in der einzigartigen Lage, Ihrem Image neues Leben einzuhauchen – ganz egal, was man in Ihrem letzten Unternehmen über Sie geredet hat oder welchen Ruf Sie dort innehatten. Jetzt können Sie in dieser Hinsicht noch einmal von vorn beginnen. Darum beneiden Sie garantiert einige der Kollegen. Denn so manches würde man gern ungeschehen machen, wenn das nur ginge. Ein Image umzuwandeln ist allerdings um ein Vielfaches schwerer, als ein Image neu zu kreieren. Nicht von ungefähr kommt daher auch das Sprichwort: „Ist der Ruf erst einmal ruiniert, lebt es sich völlig ungeniert." Dies soll aber kein Ratschlag an Sie sein: Nutzen Sie besser die einzigartige Chance, sich ab dem ersten Tag einen phänomenalen Ruf zu erarbeiten.

❑ *Karrierekiller erkennen und vermeiden*

Denken Sie an Cäsars Worte: „Veni, vidi, vici – Ich kam, ich sah, ich siegte."

In Ihrem Fall sollte es nach der Lektüre dieses Buches jedoch heißen: „Ich kam, ich sah, ich wusste und ich siegte." Denn eines haben Sie Cäsar (der meist nicht wusste, was ihn beim Feind erwartete) voraus: Sie wissen um die Stolperfallen, die Sie auf Ihrem Weg zum Ziel überraschen könnten. Ob Eiszeit, Frustration, Undank, Egoismus, Weiterbildungsresistenz oder Klausur – bei Ihnen haben Karrierekiller keine Chance mehr.

6 Schlusswort

Kürzlich wurde ich von einer Journalistin im Rahmen eines Interviews gefragt, mit welchem Bild ich die ersten 100 Tage im neuen Job beschreiben würde. Hintergrund war, dass ein anderer Autor den Neueinstieg in ein Unternehmen sage und schreibe mit der Verpflanzung von inneren Organen verglichen hat. Nun bin ich schon nicht sonderlich gut darin, andere zu verarzten, wenn ich ihnen nur ein Pflaster auf eine kleine Schürfwunde kleben muss. Erst recht würde es mir also schwerfallen, ihnen in Bezug auf die Transplantation von lebenswichtigen Organen wertvolle Ratschläge zu erteilen.

Unabhängig davon finde ich die Idee, ein Bild zu entwerfen, das die ersten Tage im neuen beruflichen Umfeld interpretiert, faszinierend. Ein solches Bild hilft Ihnen dabei, eigene Lösungswege zu entwickeln und Situationen besser einzuschätzen. Wie auch immer Sie selbst ein solches Werk zeichnen und was Sie darin sehen würden – ich vergleiche den Jobeinstieg gern mit dem Beginn einer Liebesbeziehung.

Auf den ersten Blick mag sich das überraschend anhören. Doch tatsächlich lassen sich viele Parallelen entdecken: Zu Beginn einer neuen Liaison flattern frau die berühmten Schmetterlinge im Bauch und das Gefühl des frisch Verliebtseins taucht die ganze Welt in rosarote Farben. Das persönliche Engagement und die Bereitschaft, über die Ecken und Kanten des anderen hinwegzusehen, sind schier unbegrenzt. Eigene Bedürfnisse werden zurückgestellt, um vor dem neuen Partner möglichst perfekt dazustehen. Den ganzen Tag möchte frau den Traummann mit Anrufen und Mitteilungen bombardieren, zu groß ist die Neugier und gespannte Erwartung.

Doch irgendwann stellt sich im Laufe der Zeit eine gewisse Ernüchterung ein, das euphorische Gefühl des Verliebtseins flaut ab und macht der Gewohnheit sowie Alltagsroutine Platz. Leider vergisst frau in diesen Momenten dann manchmal, was sie am anderen hat, schenkt immer weniger Aufmerksamkeit, hält nach besseren Alternativen Ausschau und widmet sich der Beziehung einfach nicht mehr mit ganzem Einsatz.

Über eine längere Zeitspanne hinweg betrachtet entwickelt sich die Liaison zu einem neuen Unternehmen nicht selten ähnlich wie die menschliche Partnerschaft. Zu Anfang ist frau Feuer und Flamme für den neuen Arbeitsplatz und widmet sich den neuen Aufgaben mit Hingabe, Leidenschaft und unbegrenztem Engagement. Auch wenn der eine oder andere Kollegen so seine Eigenheiten zu haben scheint, spielt das zunächst keine große Rolle. Glücklich, im neuen Job angekommen zu sein, wird diesem unbegrenzte Aufmerksamkeit und höchste Arbeitsqualität geschenkt.

Erst im Laufe der Zeit stellt sich heraus, dass das neue Unternehmen, die Kollegen und Vorgesetzten doch so ihre Ecken und Kanten haben, und frau fragt sich, ob sie anderswo vielleicht glücklicher oder zumindest besser aufgehoben wäre. Doch lohnt sich das Risiko eines Stellenwechsels? Schließlich weiß ja jedes Kind, dass das Gras anderswo immer grüner aussieht. Und Garantien, dass es dann besser wird, gibt einem ja sowieso keiner. Schlimmstenfalls fügt sich frau ihrem Schicksal und leistet nur noch Dienst nach Vorschrift, bis sich irgendwann hoffentlich doch noch etwas Besseres ergibt.

Tja, glücklicherweise gibt es auch Liebesbeziehungen, die ein Happy End haben. Das ist immer dann der Fall, wenn sich frau darüber bewusst ist, dass sie sich selbst dafür einbringen und dafür engagieren muss, damit sich die Beziehung entsprechend ihren Vorstellungen entwickelt. Genau diesen Ratschlag sollten Sie auch im Job beherzigen: Nehmen Sie die Zügel selbst in die Hand und lenken Sie Ihr Gefährt namens Beruf(ung) in eine Richtung, die Sie dauerhaft begeistern wird. Die passende Landkarte halten Sie mit diesem Buch hoffentlich in Ihren Händen.

In diesem Sinne wünsche ich Ihnen gutes Gelingen und viel Erfolg!

Ihre *Carolin Lüdemann*

Literaturverzeichnis

Brühl, Kirsten/Klicher, Imke: *Creative Work – Business der Zukunft.* Zukunftsinstitut 2007.

Goldfuss, Jürgen W.: *Trouble-Shooting für den ersten Führungsjob – Schnelle Lösungen für die brennendsten Probleme.* Campus 2002.

Lawson, Ken: *Kiss – Das Einsteiger-Handbuch Karriere.* Dorling Kindersley 2000.

Lürssen, Jürgen: *Die heimlichen Spielregeln der Karriere.* Campus 2001.

Lürssen, Jürgen: *So macht man Karriere – 17 Gesetze, die Sie kennen müssen.* Campus 2003.

Nitzsche, Isabel: *Spielregeln im Job – Wie Frauen sie durchschauen und für sich nutzen.* Kösel 2003.

O`Connor, Lona: *Die 10 dümmsten Karrierefehler und wie man sie vermeidet.* mvg 2001.

Pease, Allan und Barbara: *Warum Männer nicht zuhören und Frauen schlecht einparken.* Ullstein 2000.

Ruck, Karin: *Souveräner Auftritt für Frauen – Dos und Don`ts für die clevere Selbst-PR.* Redline 2007.

Stichwortverzeichnis

Über die Autorin

Carolin Lüdemann ist Juristin und ausgebildeter Business-Coach. Als Karriereexpertin tritt sie in Funk und Fernsehen auf und schreibt Fachbeiträge für verschiedene Zeitungen. An ihren Trainings und Vorträgen nehmen Nachwuchsführungskräfte und Manager aus Industrie, Beratung und Verbänden teil.

Weiter Informationen finden Sie im Internet unter:

www.carolin-luedemann.de